Liebe Leserinnen, liebe Leser!

Von Berlin aus ist es nicht weit bis nach Usedom oder Rügen – und das weiß der Reisebuchautor ***Christian Nowak*** *sehr zu schätzen! Mindestens einmal im Jahr muss ein Inseltrip sein.*

Die Fotografin ***Sabine Lubenow*** *hat schon mehrere DuMont Bildatlanten fotografiert. Nach dem Vorgängertitel Berlin hat sie den vergleichsweise ruhigen Aufenthalt auf den Ostseeinseln besonders genossen.*

Sonne, Sonnenschein – immer wieder blinkt uns ein strahlender Sonnenball in diesem DuMont Bildatlas entgegen. Unsere Fotografin Sabine Lubenow hatte auf Rügen und den kleinen Nachbarinseln augenscheinlich Glück mit dem Wetter. Und das ist übrigens gar nicht untypisch für die Ostseeinseln. Regelmäßig verzeichnen Usedom und Rügen die meisten Sonnenscheinstunden in Deutschland.

Sommer, Sonne, Strand ...

Wie praktisch, dass die Inseln darüber hinaus auch noch mit einigen der schönsten deutschen Strände aufwarten können. Orte mit so klangvollen Namen wie Binz, Sellin, Baabe oder Ahlbeck, Heringsdorf und Bansin haben eines gemeinsam: kilometerlange feinsandige Strände. Dahinter erstrecken sich gepflegte Promenaden und breite Straßen mit der einmaligen Bäderarchitektur. Um die Wende vom 19. zum 20. Jh., als „tout" Berlin zum Urlauben nach Usedom, Rügen oder auch Hiddensee reiste, entstanden vielerorts einmalige Villen und Hotels in jener verschnörkelten Bauweise.

... und ganz viel Natur

Doch es gibt auch eine ganz andere Seite der Ostseeinseln. Ich persönlich mag besonders das stille Rügen, wo man mit dem Rad über Kopfsteinpflaster holpert, wo bunte Wiesen mit Klatschmohn von gelben Rapsfeldern abgelöst werden. Ein „Gänsehauterlebnis" war für mich an einem klaren Oktobermorgen die Fahrt nach Ummanz, ganz im Westen der Insel. Als wir dort unseren Beobachtungsposten bezogen hatten, trauten wir unseren Augen und Ohren kaum: Tausende Kraniche sorgten mit ihren charakteristischen Rufen und lautem Flügelschlagen für heillosen Lärm. Wo und wie Sie die „Vögel des Glücks" am besten beobachten können, erfahren Sie auf S. 64 und S. 69. Wem danach wieder der Sinn nach Stadt steht, der versäume nicht den Abstecher nach Stralsund. Wegen ihrer zahlreichen Sehenswürdigkeiten haben wir der Hansestadt gleich ein eigenes Kapitel gewidmet.

Herzlich

Ihre

Birgit Borowski

Birgit Borowski
Programmleiterin DuMont Bildatlas

30 Erker, Balkone und Schnitzereien sind Merkmale der Bäderarchitektur – nicht nur in Binz.

Impressionen

Jasmund und Wittow

Granitz und Mönchgut

58 Putbus, Rügens ältestes Seebad, liegt gar nicht an der See. Der Hafen findet sich im Ortsteil Lauterbach.

72 Ankunft mit dem Schiff, weiter geht's per Fahrrad oder Pferdekutsche – Hiddensee ist autofrei.

Zentralrügen

UNSERE FAVORITEN

Best of ...

88 Auch Bansin, das kleinste der drei Usedomer Kaiserbäder, hat feinen weißen Sand im Überfluss zu bieten.

Hiddensee

Usedom

Stralsund

Anhang

DuMont Aktiv

Genießen Erleben Erfahren

Maßstab 1:650.000
0
10km
OSTSEE
Jasmund und Wittow 22 – 37
Hiddensee 72 – 87
Granitz und Mönchgut 38 – 57
Stralsund 104 – 115
Zentralrügen 58 – 71
Usedom 88 – 103
Rügen
Kap Arkona
Putgarten
Altenkirchen
Deutsche Alleenstraße
Nationalpark Jasmund
Königsstuhl
Stubbenkammer
Tromper Wiek
Glowe
Lohme
Sagard
Sassnitz
Insel Hiddensee
Kloster
Vitte
Neuendorf
Hiddensee
Nationalpark Vorpommersche Boddenlandschaft
Schaprode
Neuenkirchen
Trent
Gr. Jasmunder Bodden
Rappin
Lietzow
Ummanz
Kluis
Gingst
Bergen auf Rügen
Neu Mukran
Prorer Wiek
Prora
Binz
Jagdschloss Granitz
Karow
Sellin
Baabe
Putbus
Lauterbach
Göhren
Gager
Mönchgut
Vilm
Biosphärenreservat Südost-Rügen
Thiessow
Kubitzer Bodden
Pramort
Groß Moordorf
Prohn
Rambin
Samtens
Altefähr
Groß Kordshagen
Altenpleen
Niepars
Martensdorf
Gustow
Poseritz
Garz/Rügen
Stralsund
Brandshagen
Zudar
Greifswalder Bodden
Greifswalder Oie
Ruden
Jakobsdorf
Steinhagen
Richtenberg
Franzburg
Zisterzienser-Kloster
Wittenhagen
Papenhagen
Mesekenhagen
Greifswald
Eldena
Lubmin
Peenemünde
Karlshagen
Pommersche Bucht
Zatoka Pomorska
Gremersdorf
St. Marien
Grimmen
Bartmannshagen
Wendisch Baggendorf
Rakow
Dersekow
Griebenow
Wusterhusen
Kemnitz
Hanshagen
Katzow
Wolgast
Zinnowitz
Koserow
Usedom
Wolin
Grammendorf
Poggendorf
Glewitz
Sassen-Trantow
Görmin
Nehringen
Hohendorf
Lütow
Wehrland
Naturpark Usedom
Bansin
Heringsdorf
Świnoujście (Swinemünde)
Ahlbeck
Międzyzdroje
Kołczewo
Kamień Pomorski
Dziwnów
Międzywodzie
Nossendorf
Loitz
Zemitz
Karlsburg
Züssow
Gützkow
Schmatzin
Jarmen
Tutow
Demmin
Dargun
Peene
Lassan
Warthe
Mellenthin
Murchin
Lüssow
Neetzow-Liepen
Ziethen
Anklam
O.-Lilienthal-Gedenkstätte
Usedom
Dargen
Anklamer Torturm
Wolin
Woliński Park Narodowy
Recław
Verchen
Utzedel
Demminer Land
Tollense
Beggerow
Kummerower See
Borrentin
Deutsche Alleenstraße
Kummerow
Breest
Burow
Spantekow
Pelsin
Ducherow
Stettiner Haff
Zalew Szczeciński
Leopoldshagen
Mönkebude
Ueckermünde
Altwarp
Nowe Warpno
Ückermünder Heide
Naturpark Am Stettiner Haff
Lindenberg
Gültz
Ivenack
Tützpatz
Tausendjähr. Eiche
Reuterstadt Stavenhagen
Jürgenstorf
Wolde
Altentreptow
Brunn
Sarnow
Löwitz
Eggesin
Ahlbeck
Hintersee
Czarnocin
Przybiernów
Łąka
Zielonczyn
Stepnica
POLSKA
Wildberg
Neddemin
Friedland
Ferdinandshof
Torgelow
Sperrgebiet
Dobieszczyn
Trzebież
Roztoka Odrzańska
Rosenow
Galenbecker See
Jatznick
Glashütte
Varchentin
Ostpeene
Möllin
Sadelkow
Rothemühl
Neubrandenburg
Schönbeck
Weitin
Wulkenzin
Groß Plasten
Möllenhagen
Tollensesee
Penzlin
Burg Stargard
Alt Käbelich
Helpter Berge
Blumenhagen
Strasburg (Uckermark)
Viereck
Pasewalk
Zerrenthin
Police
Tanowo
Dobra
Lubczyna
Ankershagen
Groß Nemerow
Plath
Mühlenmuseum
Woldegk
Werbelow
Boock
Löcknitz
Lubieszyn
Mierzyn
SZCZECIN (STETTIN)
Kratzeburg
Hohenzieritz
Blankensee
Blumenholz
Müritz-Nationalpark
Neustrelitz
Bredenfelde
Naturpark Feldberger Seenlandschaft
Möllenbeck
Fürstenwerder
Jagow
Göritz
Brüssow
Carmzow
Bobolin
Przecław
Krackow
Kołbaskowo
Rosow
Radziszewo
Klucz
Binowo
Carpin
Userin
Roggentin
Feldberg
Fürstensee
Wokuhl
Wesenberg
Beenz
Boitzenburg
Schönermark
Gollmitz
Prenzlau
Unteruckersee
Damme
Schmölln
Penkun
Storkow
Tantow
Gryfino
Gardno
Żelisławiec
Uckermark
Kreuz Uckermark
Oder

Topziele

Die bedeutendsten Sehenswürdigkeiten sowie Erlebnisse, die Sie keinesfalls versäumen dürfen, haben wir hier für Sie zusammengestellt. Auf den Infoseiten ist das jeweilige Highlight als **TOPZIEL** *gekennzeichnet.*

NATUR

1 **Kap Arkona:** Die Leuchttürme an der Nordspitze Rügens sind ein Wahrzeichen der Insel und beliebtes Ausflugsziel. **Seite 35**

2 **Königsstuhl:** Von der Viktoria-Sicht oder von einem Ausflugsboot wirkt der strahlend weiße Kreidefelsen am imposantesten. **Seite 36**

3 **Leuchtturm Dornbusch:** Das gesamte wildromantische Hochland in Hiddensees Norden hat man von der Aussichtsplattform im Blick. **Seite 85**

4 **Deutsches Meeresmuseum:** In der Kirche des ehemaligen Katharinenklosters in Stralsund wird die tropische Meereswelt präsentiert; im modernen Ozeaneum am Stadthafen erfährt man alles über Nord- und Ostsee. **Seite 114**

1

ERLEBEN

5 **Der Rasende Roland:** Nicht nur Eisenbahnnostalgiker begeistert die Fahrt mit Rügens Dampfzug. **Seite 55**

9

3

6 **Störtebeker-Festspiele:** Auf der Freilichtbühne Ralswiek erwacht der sagenumwobene Seefahrer jeden Sommer zu neuem Leben. **Seite 70**

8

7 **Historisch-Technisches Museum Peenemünde:** In der ehemaligen Heeresversuchsanstalt wird die Ambivalenz moderner Technologie begreifbar. **Seite 101**

8 **Seebrücke Ahlbeck:** Viele Ostseebäder besitzen eine Seebrücke, doch keine ist so fotogen wie die des Usedomer Kaiserbads. **Seite 103**

KULTUR

9 **Jagdschloss Granitz:** Auf dem Tempelberg, der höchsten Erhebung der Granitz, thront über dem Buchenwald der spätklassizistische Prunkbau des Fürsten Wilhelm Malte I. **Seite 55**

10 **Putbus:** Fürst Wilhelm Malte I. gründete die Residenzstadt und ließ in ihrem Zentrum ein klassizistisches Ensemble errichten. **Seite 70**

11 **Atelier Otto Niemeyer-Holstein:** An der schmalsten Stelle Usedoms, in seinem „Lüttenort“, hat der Künstler gelebt und ein Gesamtwerk aus Gartenkunst, ungewöhnlicher Architektur, Malerei und Plastiken hinterlassen. **Seite 102**

12 **St.-Marien-Kirche:** Wuchtig und wehrhaft ragt die größte Backsteinkirche des Ostseeraums am Neuen Markt von Stralsund auf. **Seite 113**

Nostalgie am Strand

Die „Himmelsleiter“ führt hinab zur Selliner Seebrücke. 1998 nach historischem Vorbild neu errichtet, erstrahlt das außergewöhnliche Bauwerk in frischem Glanz und gibt den Rahmen für das alljährliche Brückenfest Ende Juli. Im Palmengarten oder Kaiserpavillon lässt es sich vorzüglich speisen oder auch nur die Seeluft bei Kaffee und Kuchen genießen. Im Balticsaal können Paare den Bund fürs Leben schließen.

Fürstliches Jagdrevier

Im Licht der tief stehenden Sonne erstrahlen die Wälder und Felder bei Lancken-Granitz in sattem Grün. Nur wenige Kilometer vom Trubel der Seebäder führen von Kastanien gesäumte Kopfsteinpflasterstraßen seit jeher durch das ländliche Rügen. Schon Fürst Malte I. zu Putbus war von der Gegend angetan und ließ sich auf der höchsten Erhebung – dem Tempelberg – ein Jagdschloss errichten.

Balkone, Erker, Türmchen

Ahlbeck, Heringsdorf und Bansin schmücken sich mit dem majestätischen Attribut „Kaiserbäder". Entlang der Strandpromenade, welche die drei Usedomer Seebäder miteinander verbindet, findet man die schönsten Beispiele der Bäderarchitektur, wie etwa das Luxushotel Ahlbecker Hof. Als Sommerresidenzen ab Ende des 19. Jahrhunderts erbaut, zeugen sie mit ihren verschnörkelten Zierelementen bis heute vom damaligen Reichtum der Berliner Schickeria.

Meisterwerk der Backsteingotik

Die Nikolaikirche am Alten Markt, direkt neben dem Rathaus, ist die älteste der drei großen Pfarrkirchen der Hansestadt Stralsund. St. Nikolai diente früher nicht nur als Kirche, sie war auch Mittelpunkt des öffentlichen Lebens. Hier wurden Ratssitzungen abgehalten, versammelten sich die Zünfte, wurden Gesandtschaften empfangen und Geschäfte getätigt. Von den einst mehr als fünfzig Altären vor der Reformation sind bis heute sieben mittelalterliche und der barocke Hauptaltar erhalten.

Blick vom Dornbusch

„Nur stille, stille, dass es nicht etwa ein Weltbad werde ...", mahnte der Schriftsteller Gerhart Hauptmann, der zu Beginn des 20. Jahrhunderts regelmäßig Gast auf Hiddensee war. Seine Mahnung wurde offenbar gehört, denn bis heute entzieht sich die kleine Insel konsequent jedem Trubel. An ihrer Nordspitze erstreckt sich das fast menschenleere Hiddenseer Hochland, der Dornbusch, auf dessen höchster Erhebung der Leuchtturm eine traumhafte Sicht bietet.

Binzer Ansichten

Lachmöwen sind neugierig und lassen sich auch von den Flanierenden auf der Binzer Seebrücke nicht stören. Ist man am Ende der Brücke angelangt und wendet der Ostsee den Rücken zu, hat man das gesamte Binz-Panorama vor Augen: den feinen weißen Sandstrand mit den Strandkörben, die Strandpromenade mit dem Kurplatz und die Villen im Stil der Bäderarchitektur. Den imposanten Höhepunkt bildet das Kurhaus, in dem heute ein Luxushotel untergebracht ist.

Fisch in allen Variationen

Aus dem Meer auf den Tisch

An der Küste muss man Fisch essen, sei es zwischendurch aus der Hand oder abends in Form eines Fischmenüs. Das Angebot ist riesig. Kaum ein Restaurant, das nicht das eine oder andere Fischgericht auf der Karte hätte. Und praktisch an jeder Ecke kann man sich ein Fischbrötchen holen.

1 Fischhandel und Räucherei Rasmus

Das kleine Fischgeschäft verkauft Frischware, eingelegte und geräucherte Fische und auf Wunsch frisch belegte Fischbrötchen, natürlich auch den echten Stralsunder Bismarckhering. Außerdem im Angebot: Hiddenseer Pfefferlappen, Zingster Strandräuber oder Stralsunder Gabelrollmöpse.

Heilgeiststraße 10,
18439 Stralsund,
Tel. 03831 2 81 38,
www.bismarckhering.com

2 Nautilus

In dem Erlebnisrestaurant taucht man in die Fantasiewelt von Jules Verne ein; so könnte Kapitän Nemos U-Boot aus dem Roman „20 000 Meilen unter dem Meer" aussehen. Die Gasträume – Kapitänsmesse, Ruder- und Maschinenraum – sind mit viel Liebe zum Detail gestaltet. Die von Chefkoch Gerd Klatte geleitete Kombüse serviert Fisch- und Fleischgerichte (tgl. ab 11.30 Uhr).

Neukamp 17, 18581 Putbus,
Tel. 038301 8 30,
http://ruegen-nautilus.de

3 Räucherschiff Berta

Im Hafen von Lauterbach liegt die „Berta". An Deck gibt es ein paar Sitzplätze, unter großen Sonnenschirmen am Kai einige weitere, mit Blick auf den Bodden. Leckerer als hier können Fischbrötchen kaum sein, denn der Name ist Programm: Der Fisch wird immer frisch an Bord geräuchert. Wem es geschmeckt hat, der kann sich seinen Lieblingsfisch auch nach Hause mitnehmen (tgl. 11.00–19.00 Uhr).

Neuendorf 3 c,
18581 Lauterbach

4 Bootshaus Binz

Das Restaurant befindet sich direkt an der Strandpromenade, in einem roten Backsteingebäude, das früher als Seenotrettungsstation diente. Eine authentische maritime Atmosphäre ist somit garantiert. Die Gerichte werden unter den Augen der Gäste in der Schauküche zubereitet. Viele Zutaten stammen aus der Region und tragen das Gütesiegel „Regionale Esskultur". Besonders vielfältig bereitet Daniel Winner die Scholle zu: nach Binzer Art, nach Finkenwerder Art oder als gebratenes Filet. Bei schönem Wetter genießt man auf der Terrasse den Blick auf die Ostsee (tgl. 12.00–22.00 Uhr).

Strandpromenade 47,
18609 Binz,
Tel. 038393 5 79 44,
www.bootshaus-binz.de

5 Gosch

Gosch ist Kult, mittlerweile nicht mehr nur auf Sylt, sondern auch im noblen Binz. Natürlich in Bestlage, direkt an der Seebrücke. Auch in Binz gilt: Der Fisch ist stets frisch, der Chardonnay fruchtig und kalt. Weitere Merkmale: lockere Atmosphäre, Selbstbedienung und immer viel Trubel (tgl. ab 11.00 Uhr).

Hauptstraße 25,
18609 Binz
Tel. 038393 13 15 63,
www.gosch.de/standorte/gosch-auf-ruegen/binz

6 Kapitänsklause

Die Speisekarte des kleinen Restaurants mit maritimem Flair und familiärer Atmosphäre ist übersichtlich, denn hier werden nur frische Zutaten verarbeitet – wovon sich der Gast selbst überzeugen kann. Bevor der Fisch auf den Grill kommt, kann man ihn begutachten. Wer die Vielfalt mag, nimmt die Fischplatte mit Dorsch, Zander und Flunder. Auch die Weinkarte kann sich sehen lassen. Unbedingt reservieren!

Lindenstraße 1,
18586 Göhren,
Tel. 0151 5 5 19 55

7 Kelch's Fisch- & Museumsrestaurant

Der Familienbetrieb besteht mittlerweile in der dritten Generation. Eine beeindruckende Sammlung maritimer Antiquitäten wird in den Gasträumen liebevoll präsentiert. Die Fischgerichte sind gut und reichlich, von Störtebekers Labskaus bis zur Kutterscholle. Spezialität des Hauses ist Kelch's Fischpfanne mit Flunder, Hering, Heilbutt, Lachs, Seelachs, Zander und Hecht (Mi.–Mo. 11.30–14.30 und 17.30–21.30 Uhr).

Karlstraße 17,
17459 Koserow,
Tel. 038375 2 04 58,
www.kelchs.de

8 Koserower Salzhütte

Mitte des 19. Jahrhunderts entstanden die Salzhütten als Lager für das Steinsalz, das man zur Konservierung des Herings benötigte. Hier wurde der Fisch damals gesalzen und in großen Holzfässern gelagert. Um 1900 gab es in Koserow fünfzehn solcher Hütten. Direkt an der Seebrücke serviert das Fischrestaurant mit eigener Räucherei im denkmalgeschützten Ensemble vor allem fangfrischen Ostseefisch, der ausschließlich auf Buchenholz geräuchert wird. Manche Gerichte werden noch nach alten Rezepten des Großvaters zubereitet, der in Koserow fischte. Die Innenplätze sind rasch belegt, deshalb besser reservieren (Febr.–Okt. Di.–Fr. 12.00–20.00, Sa./So. bis 21.00 Uhr).

Am Strande 5,
17459 Koserow,
Tel. 038375 2 06 80,
www.koserower-salzhuette.de

Rügens strahlende Küste

Wenn am Morgen die tief stehende Sonne die Kreidefelsen bescheint, wirken die Klippen wie ein Gemälde von Caspar David Friedrich. Es lohnt sich, früh aufzustehen und eine Weile am Fuß der Felsen auszuharren, denn mit steigender Sonne ändert sich die Farbe der Kreide. Vom kräftigen Orange über leuchtendes Gelb bis zum gleißenden Weiß vergehen nur wenige Minuten.

Blick vom Königsstuhl auf die Kreidefelsen der Stubbenkammer

Mit ein wenig Fantasie wirkt die stark gegliederte Insel Rügen aus der Vogelperspektive wie ein großer Raubvogel, der sich mit ausgebreiteten Flügeln auf den Weg über die Ostsee macht. Die Halbinseln Mönchgut, Zudar, Drigge, Jasmund, Wittow, Bug oder Pulitz ragen weit in die Bodden hinein. Filigrane, zerbrechlich wirkende Landbrücken wie die Schmale Heide verbinden größere Halbinseln. Als wäre das noch nicht genug Struktur, gibt es zudem eine Vielzahl kleinerer, vorgelagerter Inseln wie Hiddensee, Vilm, Ummanz, Liebitz, Urkevitz, Öhe, Beuchel oder Tollow.

Geburt eines Badeorts

Jakob Philipp Hackert, ein junger Berliner Maler, reiste 1762 als einer der ersten Künstler nach Rügen und schuf dort ziemlich pathetische, idealisierende Gemälde, Zeichnungen und Radierungen. Seine Bilder fanden zwar Anerkennung, aber es sollte noch Jahrzehnte dauern, bis seine Kollegen Rügen entdeckten.

Im Jahr 1824 schickte der Berliner Theologe Friedrich Schleiermacher seine Familie nach Sassnitz in Urlaub, das Datum gilt als Geburtsstunde des Badeorts, der zuvor jahrhundertelang ein unbedeutendes Fischerdorf gewesen war. Auch Johannes Brahms hielt sich lange in Sassnitz auf und vollendete hier 1876 seine 1. Sinfonie in c-Moll. In der heute noch existierenden „Villa Martha" am Hochufer in der Altstadt residierte 1890 die deutsche Kaiserin Auguste Viktoria; nach ihr ist der Aussichtspunkt mit Blick auf den Königsstuhl benannt. Ein weiterer illustrer Besucher Ende des 19. Jahrhunderts war Theodor Fontane, der hier Anregungen für den Roman „Effi Briest" suchte. „Nach Rügen reisen, heißt nach Sassnitz reisen", lässt der Schriftsteller seine Effi Briest sagen.

Der 1774 in Greifswald geborene Caspar David Friedrich kannte Rügen wahrscheinlich seit seiner Kindheit, denn bei gutem Wetter lässt sich die Silhouette der Insel von seiner Heimatstadt aus er-

Fast so verträumt wie zu Beginn der Seebäderzeit: die Halbinsel Wittow mit der Backsteinkirche in Wiek (oben) und dem Fischerdorf Vitt (unten). Auch Glowe (Mitte) mit seinen feinen Sandstränden steht eher für Sommerfrische als für Massentourismus. Das Kap Arkona (rechts) ist autofrei. Eine mit umweltfreundlichem Gas betriebene Bahn bringt Besucher zu den Leuchttürmen an Rügens Nordspitze.

Ständig in Bewegung: die Kreidefelsen bei Sassnitz, im Nationalpark Jasmund

Am Königsstuhl ist die Kreide etwas kompakter, das Abbruchrisiko daher nicht ganz so hoch. Ob die Aussichtsplattform in fünfzig Jahren noch besteht, kann dennoch niemand sagen.

Hintergründe zu den Kreidefelsen vermittelt die Erlebnisausstellung im Nationalpark-Zentrum Königsstuhl …

… einen Panoramablick auf die Stubbenkammer genießt man bei der Fahrt mit einem Ausflugsschiff.

kennen. 1801 reiste der hagere, blasse Mann mit den blonden Haaren und dem melancholischem Blick das erste Mal auf die Ostseeinsel. In zahlreichen Skizzen, Sepiazeichnungen und Gemälden hat er die Landschaft festgehalten: den hohen Himmel, bizarre Wolkenbildungen, Hafenansichten im Nebel. Obwohl er akribische Studien vor Ort betrieb, war es nicht sein vorrangiges Ziel, die Natur fotografisch genau abzubilden: „Nicht die treue Darstellung von Luft, Wasser, Felsen und Bäumen ist die Aufgabe des Bildners, sondern seine Seele, seine Empfindung soll sich darin widerspiegeln." 1818 entstand sein Gemälde „Kreidefelsen auf Rügen", das zu den Hauptwerken der deutschen Romantik zählt und heute in Winterthur in der Schweiz hängt. Im 19. Jahrhundert wurde es zum Symbol für die dramatische Schönheit der Insellandschaft.

Lange ging man davon aus, auf dem berühmten Bild seien die Wissower Klinken zu sehen, doch die sind erst einige Zeit später durch Erosion entstanden. Wahrscheinlich dienten Caspar David Friedrich die Kreidefelsen etwas nördlich vom Königsstuhl als Vorlage – gepaart mit künstlerischer Freiheit. Aber genau lässt sich das heute nicht mehr sagen, denn die Kreideküste unterliegt einem ständigen Wandel.

Die Entstehung der Kreide

Vor rund siebzig Millionen Jahren erstreckte sich ein Schelfmeer von England bis zum Kaspischen Meer. In dem sauerstoffreichen, warmen Gewässer lebten Seeigel, Muscheln, Korallen, Kieselschwämme und Moostierchen, deren kalkhaltige Schalen auf den Meeresboden sanken und im Lauf der Jahrtausende eine mehrere Hundert Meter dicke Sedimentschicht bildeten. Die Gletscher dreier Eiszeiten führten zu Verformungen der Erdoberfläche und beförderten schließlich die Kreideablagerungen aus der Tiefe an die Oberfläche. Das vorläufige Endprodukt sind die Kreidefelsen von Rügen und Møn. Kreide ist ein sehr weiches Sedimentgestein, das durch Wind, Wellen, Regen und Frost stark beeinflusst wird. Geologische Vorgänge geschehen hier viel schneller als in härteren Gesteinsschichten – auf Rügen läuft die Erdgeschichte quasi im Zeitraffer ab.

Die spitz aufragenden Wissower Klinken waren bis vor gut zehn Jahren neben dem Königsstuhl ein weithin bekanntes Naturdenkmal. Doch in der Nacht vom 23. auf den 24. Februar 2005 stürzten die Hauptzinnen in die Tiefe. Rund 50 000 Kubikmeter Kreide wurden in die Ostsee gespült, von dem Wahrzeichen blieben nur zwei Stümpfe übrig. Schon ein Jahr zuvor hatte das Nationalparkamt Risse entdeckt, die sich ständig vergrößerten. Erosionsvorgänge hatten die Wissower Klinken mürbe gemacht, sodass sie schließlich in sich zusammenbrachen. Im März 2005 haben sich die Rüganer mit einem Konzert im Nationalparkzentrum von ihrem Wahrzeichen verabschiedet. Aufgeführt wurde die 1. Sinfonie von Brahms, die er im Sommer 1876 in Sassnitz komponiert hatte. Damals soll er an einen Freund geschrieben haben: „An den Wissower Klinken ist eine Sinfonie hängen geblieben."

Die Natur hat ein Wunderwerk geschaffen: leuchtend weiße, haushohe Kreidefelsen.

Verwunschen: der fast kreisrunde Herthasee, mitten in den Buchenwäldern des Nationalparks Jasmund, nur zehn Gehminuten vom Königsstuhl

Das weiße Gold der Küste

Kreide ist nicht nur äußerst fotogen, sie ist auch ein wertvoller Rohstoff. Friedrich von Hagenow gilt als Pionier der Rügener Kreideindustrie; 1832 begann er mit der Förderung im Tagebau. Anfangs mussten die Arbeiter das weiße Gold noch mühsam mit Hacken herausschlagen, die Brocken wurden aufgeschlämmt und anschließend getrocknet. 1928 hat man schon rund 500 000 Tonnen Rohkreide gefördert und über den Hafen Sassnitz verschifft; nach dem Zweiten Weltkrieg waren auf der Insel neunzehn Kreidewerke in Betrieb.

Bis heute wird Rügener Kreide für eine Vielzahl von Produkten wie Farben, Kacheln, Zahncreme, Arzneimittel oder Gummi benötigt. Auch die Landwirtschaft und die chemische Industrie nutzen Kreide in großen Mengen. Nur als Schulkreide wird sie längst nicht mehr verwendet, fein gemahlener Gips ist dafür besser geeignet.

Die Natur hat ein Wunderwerk aus dem porösen, weichen Material geschaffen: leuchtend weiße, haushohe Kreidefelsen zwischen – je nach Jahreszeit – sattgrünen oder leuchtend bunt gefärbten Buchenwäldern. Majestätisch schaut Rügens 118 Meter hohes Wahrzeichen, der Königsstuhl, zwischen den Baumkronen hervor. Noch ...

Special

Feuersteine, Hühnergötter, Donnerkeile

Eine steinreiche Insel

Feuersteine gibt es fast überall auf Rügen – in besonders großer Zahl kommen sie auf der Schmalen Heide vor. Auch Hühnergötter und Donnerkeile sind beliebte Souvenirs.

Entstanden sind die Feuersteinfelder vor rund 4000 Jahren durch Sturmfluten, die große Mengen an Geröll vom Fuß der Kliffs hierher verfrachtet und zu vierzehn Wällen aufgetürmt haben. Heute ist das „Steinerne Meer" zwischen Prora und Mukran ein beliebtes Ausflugsziel.

Soll Glück bringen: ein Hühnergott.

Als „Hühnergötter" werden Steine mit einem natürlich entstandenen Loch bezeichnet. Meist sind es Feuersteinknollen mit einer verwitterten Kreideeinlagerung. Sie sollen Glück bringen und die Legefreudigkeit von Hennen verbessern, deshalb wurden sie früher in die Hühnerställe gelegt. Auch „Sassnitzer Blumentöpfe" sind Feuersteine, nur größer und mit einer tiefen Aushöhlung. In der Sassnitzer Altstadt und in Vorgärten sind die bepflanzten Steine zu sehen. „Donnerkeile" sind versteinerte Kopffüßler, sogenannte Belemniten, die vor 360 bis 70 Millionen Jahren in den Meeren gelebt haben. Am Strand sind sie als längliche, kegelfömige Steine auszumachen. Ihr Name geht auf den germanischen Donnergott Thor zurück. Der schleuderte der Sage nach gern Blitze auf die Erde, die den Sand in Form von Keilen versteinern ließen. Im Volksglauben sollten Donnerkeile vor Blitzeinschlägen schützen.

Fisch und Kreide verbindet man mit Sassnitz. Der Kreidetagebau ist Geschichte – das Kreidemuseum in Gummanz informiert darüber.

Fisch – vor allem Hering – wird in Sassnitz bis heute in großen Mengen angelandet und verarbeitet.

BÄDERARCHITEKTUR

Prunkvolle Sommerresidenzen

Ende des 19. Jahrhunderts zog es vor allem die Berliner Schickeria an die Ostsee. Wer das nötige Geld hatte, ließ sich eine Villa mit Balkonen, Erkern, Türmchen und säulengerahmten Loggien bauen. Der Fantasie waren keine Grenzen gesetzt. So entstand innerhalb weniger Jahrzehnte die typische Bäderarchitektur.

Balkone, Loggien und kunstvolles Schnitzwerk: Villa Hertha in Sassnitz

Der als Bäderarchitektur bekannt gewordene Baustil hat seinen Ursprung im mecklenburgischen Heiligendamm – 1793 als erstes Seebad auf dem europäischen Kontinent gegründet – und verbreitete sich in der Folgezeit rasch entlang der deutschen Ostseeküste.

Bauboom an Rügens Küste

Anfangs prägten noch fürstliche Bauten im Stil des Klassizismus das Bild, später entdeckte auch das wohlhabende Bürgertum die Vorzüge einer Sommerresidenz am Meer. Um die Wende vom 19. zum 20. Jahrhundert erwarben Käufer aus ganz Deutschland Grundstücke in den Badeorten an Rügens Küste und brachten ihre eigenen Architekten und Ideen mit. Zwischen 1890 und 1910 herrschte ein wahrer Bauboom, der viele Pensionen, Villen und Luxushotels entstehen ließ und die einst kleinen Fischerdörfer Binz, Sellin, Göhren und Baabe auf Rügen in mondäne Badeorte mit prachtvollen Bauten verwandelte.

Auch die drei Kaiserbäder Ahlbeck, Heringsdorf und Bansin auf Usedom entstanden zu dieser Zeit. Damals wie heute waren die Grundstücke entlang der Promenaden besonders beliebt. Hier genoss man Meerblick und konnte seinen Reichtum am besten zur Schau stellen.

Ein bunter Stilmix

Genaugenommen ist die Bäderarchitektur gar kein eigener Baustil, sondern eine Mischung aus unterschiedlichen europäischen Stilen, vom Klassizismus über Neobarock bis hin zum Jugendstil. Die meisten Häuser leuchten zwar in strahlendem Weiß, weshalb die Kurbäder werbewirksam auch gern „weiße Perlen" genannt werden. Wer ein wenig sucht, findet aber auch so manches schöne Haus in Blau, Beige, Grün oder Bordeauxrot. Was zählte, war allein der Geschmack des Erbauers. Manche schwärmten für antike Tempelbauten, andere für die Häuser aus dem Schwarzwald.

Häufig handelt es sich um zwei- bis viergeschossige Gebäude, deren Fassaden ehemals offene, heute verglaste Balkone, Loggien und Veranden aufweisen, die den Bewohnern Ruhe, Schutz und einen Platz an der fri-

Keine private Sommerresidenz, aber dennoch im Stil der Bäderarchitektur gehalten: Die älteste Seebrücke Deutschlands steht in Ahlbeck auf Usedom.

Binz: Blick aus der Wandelhalle am Kurplatz und Bäderarchitekturvillen an der Hauptstraße

schen Meeresluft boten. Typische Merkmale sind kleine Erker, Türmchen und Balustraden, kunstvoll geschnitzte Verkleidungen und verspielte Jugendstilelemente. Aber auch von Säulen eingerahmte Loggien, pilastergesäumte Portale, breite Freitreppen und verschnörkelter Stuck standen hoch im Kurs. Auch im Haus zeigte man während der Gründerzeit gern, was man sich leisten konnte: Edel ausgestattete Bäder, einen großen Salon sowie Billard- und Kaminzimmer gönnten sich die meisten auch in ihrer Sommerresidenz. Nach Jahrzehnten der mehr oder weniger starken Vernachlässigung sind heute fast alle Villen wieder in sehenswertem Zustand und beherbergen Hotels, Pensionen oder Ferienwohnungen. Wenn Baulücken geschlossen wurden, entstanden Häuser im Stil einer „modernen Bäderarchitektur", die fast überall gut mit der historischen Bausubstanz harmoniert.

Bemerkenswerte Beispiele

Als eines der ersten Häuser an der Binzer Strandpromenade (Nr. 13) entstand 1888 die „Villa Burmeister". Nach mehreren Besitzerwechseln und der Umbenennung in „Villa Baltik" wird das Gebäude seit 1996 wieder als Appartementhaus genutzt.

Zu den besonders schönen Vertretern der Bäderarchitektur zählen die drei sogenannten „Wolgasthäuser", von denen mit der bordeauxroten „Villa Undine" (Strandpromenade 30) und der weißen „Villa Liliput" (Schillerstraße Ecke Wylichstraße) zwei in Binz stehen. Die Ende des 19. Jahrhunderts in der Wolgaster Werft aus edlen Tropenhölzern gefertigten Häuser zählen zu den ersten Fertighäusern der Welt, die per Katalog bestellt werden konnten. Dem Erfinder – Schiffbaumeister Heinrich Kraeft – dienten wahrscheinlich die norwegischen „Drachenhäuser" sowie Überlieferungen aus der nordisch-wikingischen Schiffbau- und Stabkirchentradition als Vorbilder.

Eines der ältesten Gebäude der Bäderarchitektur, die weiß-pastellblaue „Villa Achterkerke", ließ Georg Bernhard von Bülow 1845 in Heringsdorf errichten (Kulmgasse 24). Ins Auge fallen besonders die aufwändig geschnitzten Verzierungen des Dreieckgiebels und die korinthischen Säulenkapitelle aus Terrakotta.

Ebenfalls in Heringsdorf (Delbrückstraße 5) befindet sich die in kräftigem Gelb gestrichene „Villa Oechsler", erbaut im Stil des Spätklassizismus. Kunsthistorisch bemerkenswert ist das Glasmosaik „Badende Grazien" im Giebel. Auch Lyonel Feininger fand die „Villa Oechsler" so bemerkenswert, dass er sie gemalt hat.

Führungen und Veranstaltungen

Binz-Rundgang auf eigene Faust
Ausgehend vom Haus des Gastes (Heinrich-Heine-Str. 7) kann man mit Smartphone und QR-Codes über 30 Villen erkunden.
http://villen.ichbinzwieder.de

Woche der Bäderarchitektur
Jeweils ab dem bundesweiten „Tag des Denkmals" widmen sich die drei Kaiserbäder auf Usedom eine Woche lang mit Lesungen, Filmabenden und Führungen ihren Zuckerbäckervillen.
www.kaiserbaeder-auf-usedom.de

Maßstab 1:180.000
0
2
4km
Lübeck
Trelleborg (Autofähre und Eisenbahnfähre mit Autotransport)
Rønne (Bornholm)
Ventspils, Sankt-Peterburg
Gellort
Kap Arkona
Jaromarsburg
Putgarten
Arkona
Vitt
Goor
Goorer Berg
Nobbin
Varnkevitz
Altenkirchen
Drewoldke
Juliusruh
Breege
Tromper
Wiek
Glowe
Schaabe
Großer
Jasmunder
Bodden
Spyker
Schloss Spyker
Polchow
Sagard
Jasmund
Nationalpark Jasmund
Stubnitz
Große Stubbenkammer
Königsstuhl
Kleine Stubbenkammer
Victoria-Sicht
E.-M.-Arndt-Sicht
Lohme
Piekberg
SASSNITZ
Fährhafen Sassnitz
Mukran
NEU MUKRAN
DUBNITZ
Prorer Wiek
Prora
Binz
Granitz
Sellin
Kleiner Jasmunder Bodden
Schmale Heide
Lietzow
Ralswiek
BERGEN auf Rügen
Rugard
Rügen
Trent
Gingst
Kluis
Wiek
Dranske
Bug
Wieker Bodden
Breeger Bodden
Lebbin
Liddower Haken
Neuenkirchen
Tetzitzer See
Deutsche Alleenstraße
Schaprode
Ummanz
Udarser Wiek
Koselower See
Kubitzer Bodden
Hiddensee
Insel Hiddensee
Vitte
Kloster
Neuendorf
Vitter Bodden
Schaproder Bodden
Schutzzone I
Gellen
Rassower Strom
Stralsund
Zingst
Vierendehl-Grund
Prohner Wiek
Heuwiese
Liebitz
Dreschvitz
Zirkow
TILZOW
NEKLADE

Kreide und Buchenwälder

Die Halbinsel Wittow, zwischen dem Wieker und dem Jasmunder Bodden, bildet den nördlichsten Teil der Insel Rügen. Durch einen schmalen bewaldeten Küstenstreifen, die Schaabe, ist Wittow mit der Halbinsel Jasmund verbunden. Höhepunkt im Nationalpark Jasmund sind die Kreidefelsen am Königsstuhl.

1 Kap Arkona

Die Leuchttürme machen das Kap zu einem der beliebtesten Ausflugsziele. Zum Charme der Gegend tragen auch die kleinen Orte Putgarten und Vitt mit ihren reetgedeckten Häusern bei. Hier bewegt man sich auf geschichtsträchtigem Boden, denn die Slawen haben hier einst ihr Heiligtum errichtet, die Jaromarsburg.

SEHENSWERT

Auf dem Großparkplatz vor dem kleinen Ort Putgarten (200 Einw.) muss man seinen Wagen abstellen. Von hier geht es zu Fuß, per Fahrrad oder Bimmelbahn, die auch zwischen Putgarten und Vitt pendelt, weiter zum **Kap Arkona** TOPZIEL (www.kap-arkona-bahn.de). **Putgarten** wirkt einladend, die drei Leuchttürme am Kap sind schon aus der Ferne zu sehen. Der alte, quadratische **Schinkelturm** aus roten Backsteinen wurde 1828 nach Plänen von Karl Friedrich Schinkel fertiggestellt. Heute dient er als Museum, Aussichtsturm und Außenstelle des Standesamts. Die Aussichtsplattform des **Neuen Leuchtturms** bietet eine gute Fernsicht (beide tgl. 10.00–17.00 Uhr). Der dritte Leuchtturm, der **Peilturm**, liegt etwas abseits und wird für Ausstellungen und Vorträge genutzt (tgl. 10.00–16.00 Uhr). Von der Glaskuppel des Peilturms sind die Reste der slawischen **Jaromarsburg** gut zu sehen.

MUSEUM

Die alten **Marinebunker** am Kap können im Rahmen von Führungen besichtigt werden (Tel. 038391 43 46 60; stdl. 12.00–16.00 Uhr).

AKTIVITÄTEN/UNTERKUNFT

Im **Rügenhof**, einer alten Gutsanlage mit Scheune und Pferdeställen, kann man Kunsthandwerkern bei der Arbeit zuschauen und selbst Kerzen herstellen. Außerdem Markt, Café und Laden mit rügentypischen Produkten, u. a. Rügener Kreidemännchen. Wer mag, kann vor Ort in € **Ferienwohnungen** übernachten (Putgarten, Dorfstr. 22, Tel. 038391 40 00; Mai bis Okt. tgl. 10.00–18.00 Uhr, sonst kürzer).

EINKAUFEN

Im **Atelier Nordstrand** wird Papier von Hand gefertigt, aus Naturmaterialien entstehen Kunsthandwerk und Souvenirs (Putgarten, Dorfstr. 2, www.atelier-nordstrand.de; im Sommer tgl. 10.00–19.00, sonst bis 17.00 Uhr).

Einkehr am Kap Arkona; Seesteg in Sassnitz; Schloss Spyker bei Glowe

UMGEBUNG

Über den Hochuferweg gelangt man in rund 15 Min. zum kleinen Fischerort **Vitt** mit reetgedeckten Häusern, die sich in eine tiefe Uferschlucht ducken. Am Hafen und in kleinen Läden bekommt man frisch geräucherten Fisch und regionale Produkte. Der **Siebenschneiderstein**, ein 165 t schwerer Findling ca. 1 km nordwestlich von Kap Arkona, markiert den nördlichsten Punkt der Insel. Südwestlich des Kaps befindet sich bei Nobbin in der Nähe des Hochuferwegs das **Großsteingrab Riesenberg**. Der Dolmen mit Wächtersteinen und zwei Grabkammern stammt aus der Jungsteinzeit; archäologische Funde, wie eine arabische Münze und Keramik, deuten auf Nachbestattungen in der Slawenzeit hin.

INFORMATION

Touristinformation Kap Arkona,
Am Parkplatz 1, 18556 Putgarten,
Tel. 038391 1 30 37, www.kap-arkona.de

2 Breege-Juliusruh

Mit Breege und Juliusruh (600 Einw.) haben sich zwei sehr unterschiedliche Orte zusammengeschlossen. Als Heimat vieler Segelschiffe war Breege am Bodden im 19. Jh. einer der reichsten Orte Rügens; bis heute erinnern reetgedeckte Kapitänshäuser und der Hafen an diese Zeit. Juliusruh, am nördlichen Ende der Schaabe, besitzt einen kilometerlangen Sandstrand. Seinen Namen verdankt das Seebad Julius von der Lancken, der hier seinen Ruhesitz errichten wollte. Sein Schlösschen, 1795 erbaut, existiert nicht mehr; erhalten geblieben ist jedoch der große Park.

AKTIVITÄTEN/UNTERKUNFT

Von April bis Okt. fahren ab Breege tgl. **Schiffe nach Vitte** auf Hiddensee. Im Herbst gibt es Kranichfahrten (www.reederei-kipp.de).
Auf dem € **Reit- und Zuchthof Pätzold** kann man reiten lernen, Ausritte machen und in Ferienwohnungen übernachten. Kap Arkona erreicht man vom Hof mit dem Pferd in 45 Min. (Dranske, Ortsteil Starrvitz, Tel. 0171 2 70 87 27, www.reiterhof-paetzold.de).

UMGEBUNG

Wiek (6 km westl.) besitzt eine schöne Kirche, in der Ende Juli die Wieker Orgeltage stattfinden.

In der Galerie „Kunst im Küsterhaus" stellen Dany Rohlfs und ihr Mann Bilder und kreativ gestaltete Strandfunde aus (Küstermarkt 1, Tel. 0160 275 17 80). Die ab 1200 erbaute Dorfkirche in **Altenkirchen** (4 km nordwestl.) wurde vermutlich über einem slawischen Begräbnisplatz errichtet. Chor, Apsis und Torbogen stammen aus der Zeit der Romanik, später wurden Teile gotisch überformt. Bemerkenswert ist die mittelalterliche Ausmalung mit Tiersymbolen. Der Svantevitstein könnte der Grabstein des ersten christlichen Wittower Fürsten Tetzlaff sein (An der Kirche 1, Tel. 038391 3 66, tgl. 8.00 bis 18.00 Uhr).

INFORMATION
Informationsamt Breege-Juliusruh, Wittower Str. 5, 18556 Juliusruh, Tel. 038391 3 11, www.breege.de

3 Glowe

Glowe (1000 Einw.) liegt am westlichen Übergang der Halbinsel Jasmund zur Landenge der Schaabe. Der 1314 erstmals urkundlich erwähnte einstige Fischerort ist heute ein kleiner Badeort mit historischem Ambiente und moderner Promenade. Der Strand, der auch im Sommer nie voll wird, erstreckt sich über 8 km von Glowe bis nach Juliusruh. Wer einen der Parkplätze hinter dem Dünenwäldchen ansteuert oder dem Radweg entlang der Landstraße folgt, findet immer ein ruhiges Plätzchen mit Blick auf Kap Arkona.

UNTERKUNFT
€€ **Schloss Spyker** (5 km östl.) aus dem 16. Jh. hatte schon eine Reihe illustrer Besitzer; seit 1990 ist es ein Hotel mit 32 modernen, komfortablen Zimmern. Die Highlights: zeitgenössische Kunst, Stuckverzierungen und herrliche Lage am Spykersee inmitten des Schlossparks (Schlossallee 1, Tel. 038302 7 70, www.schloss-spyker.de).

Tipp

Dobberworth

Am Südrand von Sagard (7 km westl. von Sassnitz) befindet sich das größte Hügelgrab Rügens. Rund 22 000 m³ Erde wurden vermutlich in der Bronzezeit zu einem 12 m hohen Hügel aufgetürmt. Die Bedeutung des Namens ist unklar, könnte aber von „Wurt" herrühren, was einen erhöhten Platz bezeichnet. Um den Hügel ranken sich Sagen und Legenden; eine handelt von einem Riesen, der die Furt zwischen dem Großen und dem Kleinen Jasmunder Bodden zuschütten wollte und dabei aus Versehen Erde verlor. Eine andere behauptet, dass Zwerge im Dobberworth wohnen und dort Schätze verbergen.

Kreidemuseum Gummanz; Feuersteinfelder bei Mukran; Allee bei Lohme auf Jasmund

RESTAURANT
Lange stand die Muschel, ein markanter Spannbetonbau von Ulrich Müther, nach der Wende leer; nach umfangreicher Sanierung beherbergt sie jetzt wieder das Restaurant €€ **Ostseeperle**. Auf der Speisekarte findet sich Regionaltypisches. Täglich Frühstücksbuffet mit Meerblick. Auch die modernen Zimmer haben Sicht auf die See (Hauptstr. 42, Tel. 038302 5 63 80, www.ostseeperle-hotel.de).

AKTIVITÄTEN
Im **Dinosaurierland Rügen** kann man *Tyrannosaurus rex* und weitere 120 Saurier in Lebensgröße betrachten. Ferner Exponate zur Welt der Steinzeit (Am Spyker See 2 a, www.dinosaurierland-ruegen.de; Juni–Aug. tgl. 10.00 bis 18.00, April/Mai, Sept./Okt. bis 17.00, März, Nov. Sa.–Do. 10.00–15.00 Uhr).

EINKAUFEN
In der **Rügener Spezialitätenmanufaktur** ist alles hausgemacht und bio: Brot, Kuchen, Gebäck, Nudeln und Fruchtaufstriche (Baldeck 9, www.ruegener-spezialitaeten-manufaktur.de).

INFORMATION
Tourismusverein Glowe, Hauptstr. 73, 18551 Glowe, Tel. 038302 88 99 39, www.glowe.de

4 Nationalpark Jasmund

Der 1990 gegründete Nationalpark Jasmund umfasst 3003 ha der Stubbenkammer und ist damit der kleinste deutsche Nationalpark. Seit 2011 gehört ein Teil des Buchenwalds im Nationalpark zum UNESCO-Weltnaturerbe. Die Kreideküste, die nicht nur aus Kreide, sondern auch aus Lehm, Mergel, Sand und Findlingen besteht, bietet einen einmaligen Einblick in 70 Mio. Jahre Erdgeschichte. Die teils chaotischen Schichtungen, die man an der Steilküste sieht, gehen auf massive tektonische Verschiebungen zurück.

SEHENSWERT
Das **Nationalpark-Zentrum Königsstuhl** bietet auf rund 2000 m² eine multimediale Erlebnisausstellung, die über das Kreidemeer, die heutigen Kreidefelsen und die Buchenwälder informiert (Stubbenkammer 2, Tel. 038392 66 17 66, www.koenigsstuhl.com; Ostern–Ende Okt. tgl. 9.00–19.00, sonst 10.00–17.00 Uhr). Bis ans Nationalpark-Zentrum dürfen nur Busse fahren; für Pkw gibt es am Rand des Nationalparks zwei Großparkplätze (am Tierpark und in Hagen), von denen Pendel- bzw. Linienbusse verkehren. Vom Besucherzentrum gelangt man in wenigen Gehminuten zur Aussichtsplattform am **Königsstuhl** TOPZIEL. Die Treppe von dort zum Strand hinunter wurde 2016 bei einem Küstenabbruch zerstört; ob und wann sie erneuert wird, ist noch nicht entschieden.

UMGEBUNG
Das Kreidemuseum befindet sich auf dem Gelände des ehemaligen Kreidebruchs **Gummanz** (8 km südöstl. von Glowe) in der Nähe der Ortschaft Neddesitz. In der restaurierten Werkhalle wurde eine sehr detaillierte Ausstellung über Geologie, den historischen Kreideabbau und die Verarbeitung der Kreide eingerichtet. Das Freiluftmuseum zeigt Originalgeräte und lädt zu einem Spaziergang zum „Kleinen Königsstuhl" ein (www.kreidemuseum.de; Ostern–Ende Okt. tgl. 10.00–17.00, sonst Di.–So. 10.00–16.00 Uhr).

Die Feuersteinfelder bei Mukran sind durch eine Reihe von Sturmfluten vor 3000 bis 4000 Jahren entstanden.

5 Sassnitz

Sassnitz, mit 9600 Einw. die zweitgrößte Ortschaft Rügens, liegt am südlichen Rand des Nationalparks Jasmund und hat zwei Gesichter: Das moderne Sassnitz besteht aus Plattenbauten und Anlagen der Fischindustrie, das alte besitzt noch viele Gebäude im Stil der Bäderarchitektur. Touristische Zentren sind die Altstadt, der ehemalige Fährhafen und die neue Promenade. Der neue Fährhafen befindet sich in Mukran (6 km südwestl.).

MUSEEN

Das **Fischerei- und Hafenmuseum** dokumentiert die Fischereigeschichte und Bäderschifffahrt Rügens, am Kai liegt der Museumskutter „Havel". Sehenswert ist die große Sammlung von Buddelschiffen (Im Stadthafen, www.hafen museum.de; April–Okt. Di.–So. 10.30–17.30, sonst bis 16.00 Uhr). Im Stadthafen kann das 90 m lange, 1991 bei der britischen Navy außer Dienst gestellte **U-Boot „Otus"** besichtigt werden (Hafenstr. 18, www.hms-otus.com; Mai–Okt. tgl. 10.00–18.00, in den Schulferien bis 19.00, sonst bis 16.00 Uhr).

AKTIVITÄTEN

Der **Schmetterlingspark** bildet eine tropische Oase mit Hunderten frei fliegender Schmetterlinge (Straße der Jugend 6, www.alaris-schmet terlingspark.de; Ende März–Ende Okt. So.–Fr. 10.00–17.00 Uhr, in den Schulferien tgl.). **Ausflugsschiffe** starten vom Stadthafen aus zu den Kreidefelsen (www.adler-schiffe.de).

RESTAURANTS

Im €€ **Gastmahl des Meeres** werden exzellente Fischgerichte serviert, drinnen wie draußen mit Meerblick (Strandpromenade 2, Tel. 038392 51 70, www.gastmahl-des-meeres-ruegen.de). *Benvenuti in Italia* heißt es in der €/€€ **Villa Italia** in Sagard, wo Familie Proce stilecht für Pizza, Pasta, Carne und Pesce sorgt (Ernst-Thälmann-Str. 46, Tel. 038302 7 19 23, www.villa-italia-ruegen.de).

EINKAUFEN

In der **Silberschmiede am Altstadtmarkt** zeigt Katrin Stulz ihre Werke (Böttcherstr. 5, Tel. 0170 6 85 36 66; Febr.–Dez. Di.–Fr. 11.00–17.00 Uhr). Im Altstadthafen kann man nach Herzenslust in der **Wunderkammer** stöbern und nach maritimem Kunsthandwerk einheimischer Kreativer Ausschau halten (Hafenstr. 12 b, www.diewunderkammer-ruegen.de; Mai–Okt. tgl. 11.00–17.00 Uhr).

UMGEBUNG

Die **Feuersteinfelder**, die durch eine Reihe von Sturmfluten vor 3000 bis 4000 Jahren entstanden sind, finden sich im nördlichen Teil der Schmalen Heide bei Mukran (5 km südwestl.). Sie sind rund 2,5 km lang und 300 m breit.

INFORMATION

Touristikamt Sassnitz, Strandpromenade 12, 18564 Sassnitz, Tel. 038392 64 90, www.insassnitz.de

Genießen Erleben Erfahren

DuMont Aktiv

Auf und Ab am Kreiderand

Der Hochuferweg Rügen ist wie eine Mittelgebirgstour am Meer, denn die abwechslungsreiche Wanderung führt parallel zur Kreideküste bergauf und bergab. Über weite Strecken geht es durch Rotbuchenwälder, durch Schluchten und an kleinen Wasserfällen vorbei. Immer wieder bieten sich einmalige Ausblicke auf die Ostsee und die Kreidefelsen, die unvermittelt aus dem Wald hervorschauen.

Gestartet wird in Sassnitz, am Wanderparkplatz am Ende der Weddingstraße; bis zum Ziel in Lohme folgt man der Ausschilderung mit dem blauen Balken. In der Piratenschlucht soll sich der legendäre Klaus Störtebeker versteckt haben, hier führt eine Treppe zum Strand hinunter. Weiter auf dem Hochuferweg kommt man zu den Wissower Klinken, besser gesagt: zu dem, was davon übrig geblieben ist, als 2005 die Hauptzinnen ins Meer gestürzt sind. Von der Ernst-Moritz-Arndt-Sicht hat man einen freien Blick auf die Kreideküste. Der Kieler Bach bildet einen kleinen Wasserfall, hier führt eine weitere Treppe hinunter zum Strand.

Durch die Buchenwälder der Stubbenkammer gelangt man zur Viktoria-Sicht; von dem kleinen Aussichtsbalkon sieht man schon das nächste Ziel: den Königsstuhl. Im Nationalparkzentrum warten eine multimediale Ausstellung – und das Restaurant mit einem Imbiss. Die letzte Etappe des Hochuferwegs endet in Lohme.

Hochuferweg Rügen

Von Sassnitz bis zum Königsstuhl sind es 8 km, bis nach Lohme insgesamt 13 km. Wer die Wanderung am Königsstuhl beenden möchte, kann am Parkplatz in den Wanderbus steigen und sich nach Sassnitz zurückbringen lassen (www.rpnv.de). Per Bus geht es auch von Lohme zurück nach Sassnitz. Bei normaler Kondition ist der Hochuferweg eine Tagestour, man sollte das ständige Auf und Ab jedoch nicht unterschätzen.

Abwechslungsreich: Auf dem Hochuferweg entlang der Kreideküste bieten sich immer wieder Ausblicke auf die Ostsee.

120
122
123
124

Lust auf Sonne, Sommer, Strand

Der waldreiche Höhenzug der Granitz lädt zum Wandern ein, während sich in den Seebädern vor allem die Sonnenhungrigen tummeln. Die Orte mit den klangvollen Namen – Binz, Sellin, Baabe, Göhren, Lobbe oder Thiessow – haben eines gemeinsam: kilometerlange feinsandige Strände. Mit der schönsten Bäderarchitektur kann Binz aufwarten, vor allem entlang der Strandpromenade.

Binz hat viel schöne Bäderarchitektur zu bieten, doch das Kurhaus an der Seebrücke ist eine Kategorie für sich.

Den Rettungsturm am Strandzugang 6 in Binz hat Ulrich Müther entworfen. Heutzutage kann man hier standesamtlich heiraten.

„Urlaub beginnt dann, wenn der Fuß im Meer und das Herz im Himmel baumelt."

Ruth W. Lingenfelser

Seit über 120 Jahren schnauft der „Rasende Roland" durch den Südosten der Insel. Ihren Namen erhielt die Bahn der Überlieferung nach wohl in den 1950er-Jahren von Bergarbeitern des Uranbergbaus in Wismut, die hier Urlaub machten. Warum sie den Zug gerade Roland nannten, weiß heute niemand mehr, aber dass der Zusatz „rasend" ironisch gemeint sein musste, liegt auf der Hand. Denn heute wie damals rollt die Schmalspurbahn gemächlich ihrem Ziel entgegen, mit höchstens dreißig Stundenkilometern.

Ende des 19. Jahrhunderts gab es ein Streckennetz von rund hundert Kilometern auf Rügen; heute fahren die Dampfloks nur noch die 24 Kilometer von Putbus über Binz und Sellin nach Baabe und Göhren. Das ist der touristisch interessanteste Streckenabschnitt, denn es geht hier im Sightseeingtempo durch die hügelige grüne Landschaft der Granitz. Außerdem ist die Fahrt mit dem „Rasenden Roland" etwas für Eisenbahnromantiker. Man kann sogar im Führerstand mitfahren und den Heizern bei der Arbeit zuschauen.

Renaissance der Bäderarchitektur

Das bekannteste Bad Rügens? Binz. Und das mondänste? Auch Binz. Hätte sich die Restaurantkette des Sylter „Fischkönigs" Jürgen Gosch sonst einen Platz in der ersten Reihe bei der Seebrücke gesichert? Wohl kaum.

An der mehr als drei Kilometer langen Strandpromenade zeigt sich die Bäderarchitektur von ihrer schönsten Seite. Wohin man schaut: Strandvillen mit verspielten Verzierungen wie aus dem Lehrbuch. Mittlerweile sind auch fast alle Baulücken geschlossen, mit mehr oder weniger gelungenen Interpretationen einer modernen Bäderarchitektur. Immerhin hat man eklatante Bausünden weitgehend vermieden. Binz ist wieder das, was es einmal war: ein Seebad mit modernen Hotels, einem imposanten Kurhaus und einer langen Seebrücke, die zum Flanieren einlädt. Von keiner anderen Stelle wirkt das aus Wasser, Strand und Architektur komponierte Binz-Panorama harmonischer.

Was das Kurhaus für Binz, ist die Seebrücke für Sellin: Wahrzeichen und beliebtestes Fotomotiv. Die Selliner Wilhelmstraße, ebenfalls gesäumt von klassischer Bäderarchitektur, endet oberhalb der Steilküste, an der Engelsleiter. Von dort sind es noch 87 Stufen hinunter bis zur längsten und schönsten Seebrücke Rügens. Das Brückengebäude mit seinen Türmchen wirkt wie aus den Anfängen der Bäderarchitektur, wurde aber erst 1998 fertiggestellt – allerdings nach his-

„Viel Meer Flair" – mit diesem Slogan wirbt das Ostseebad Binz für sein mildes Reizklima und die gesunde Seeluft.

Fast 2000 Sonnenstunden im Jahr und fünf Kilometer feinsandiger Strand – Binz bietet beste Voraussetzungen für einen Badeurlaub.

Die Binzer Hauptstraße mit ihrer Bäderarchitektur lädt zum stilvollen Einkaufsbummel – während der Saison von Mai bis September an sieben Tagen die Woche.

1890 als Fachwerkhaus eröffnet, 1906 abgebrannt, 1907 aus Stein wiederaufgebaut, heute ein Grandhotel – das Kurhaus ist ein Wahrzeichen des Ostseebads Binz.

Frühaufsteher haben die Binzer Seebrücke fast für sich allein – später am Tag füllt sie sich mit Leben.

torischem Vorbild. Denn schon Anfang des 20. Jahrhunderts gab es hier eine Seebrücke, die im Lauf der Zeit jedoch immer wieder durch Eisgang beschädigt oder sogar komplett zerstört wurde, wie im Winter 1941/42.

Auch die anderen Seebäder – Baabe, Göhren, Lobbe und Thiessow – besitzen lange, feinsandige Strände, Strandpromenaden zum Flanieren, schöne Häuser im Stil der Bäderarchitektur und sind deshalb im Sommer ebenfalls regelmäßig ausgebucht. Aber abseits von Binz und Sellin geht es dennoch ein wenig familiärer zu.

Ufos, Ostseeperlen und Teepötte

Am Südende des Binzer Strandes schaut ein Stielauge aus den Dünen. Die rundliche weiße Betonkapsel ähnelt mit ihren Kulleraugen nach allen vier Seiten einem in den Dünen gelandeten Ufo. Nüchtern betrachtet ist es jedoch nur der ehemalige Rettungsturm, den das Standesamt Binz seit 2006 für Trauungen mit Ausblick auf die Ostsee nutzt. Das Ufo ist das kleinste Bauwerk des Binzer Architekten Ulrich Müther (1934–2007). Seine filigranen Werke hießen zu DDR-Zeiten „Sonderbauten“, und bis heute sind seine Hyparschalen – hyperbolische Paraboloide – etwas Besonderes. Denn Müther, der Beton zu gefrorenen Segeln

Special

Baumwipfelpfad

Über allen Wipfeln

Das Naturerbe-Zentrum Rügen liegt in einem hügeligen Waldgebiet bei Prora. Highlight ist der Aussichtsturm des Baumwipfelpfads, der einem Adlerhorst nachempfunden ist. Der Standort wurde bewusst gewählt, denn zwischen Jasmunder Bodden und Prorer Wiek liegen die drei Ökosysteme Wald, Offenland und Feuchtgebiet unmittelbar nebeneinander.

Baumwipfelpfad bei Prora

Der Baumwipfelpfad führt durch einen jahrhundertealten Buchenwald und informiert mit verschiedenen Erlebnisstationen über Natur und Umwelt. Höhepunkt ist der zentrale Aussichtsturm, der eine Buche umschließt, die irgendwann einmal so groß sein wird, dass sie die Aussichtsplattform des Adlerhorsts überragt.

Spiralförmig schraubt man sich auf der 600 Meter langen Rampe mit leichter Steigung vierzig Meter in die Höhe und erreicht so die Plattform. Über allen Baumkronen kann man bei guter Sicht die Kirchturmspitzen von Stralsund und die Pylonen der Rügenbrücke erkennen. Mit etwas Glück sieht man auch einen der heimischen Seeadler über dem Bodden und den Wäldern kreisen. Beim Blick in Richtung Norden entdeckt man über dem Boddenufer das Schlösschen Lichtenstein mit seinem schlanken Turm, eine 1868 erbaute, verkleinerte Kopie von Schloss Lichtenstein auf der Schwäbischen Alb, in der Nähe von Reutlingen.

Wilhelm Malte I. zu Putbus nutzte das Jagdschloss Granitz (1851) vor allem für Gäste. Heute dient der Marmorsaal dem Standesamt Binz als Außenstelle für Trauungen.

Die Wendeltreppe im Turm zählt 154 Stufen – eine Meisterleistung des Eisenkunstgusses.

und gefaltetem Papier verarbeitet hat, war ein Visionär und einer der wichtigsten Vertreter der architektonischen Moderne „Made in GDR“. Auf Rügen werden seine Hyparschalen deshalb auch respektvoll Mütherschalen genannt.

Geboren am 21. Juli 1934 als ältester Sohn des Architekten Willy Müther, machte Ulrich zunächst eine Lehre als Zimmermann, studierte an der TU Dresden und arbeitete danach als Bauingenieur und Bauunternehmer in Binz. Er entwarf, konstruierte und realisierte weltweit mehr als fünfzig Schalenbauwerke. Sich selbst bezeichnete er bescheiden als Bauingenieur und Rügener „Landbaumeister“. Vorbild für seine Bauten waren Muscheln, deren feste Schalen ihn seit seiner Kindheit faszinierten. Daraus entwickelte er seine doppelt ge-

Das schönste Schloss der Insel thront auf dem Tempelberg.

krümmten Tragwerke aus Stahlmatten, die er mit einer dünnen Schicht aus Spritzbeton verkleidete.

Nach der Wende verfielen Müthers Schalenbauten, einige wurden sogar abgerissen, wie das Restaurant „Ahornblatt“ am Berliner Alexanderplatz. Doch seit einigen Jahren hat man den visionä-

Als eine der letzten Schmalspurbahnen Deutschlands schnauft der „Rasende Roland" täglich auf 750 Millimeter Spurweite von Putbus über Binz, Sellin und Baabe nach Göhren.

ren Charakter seiner Bauwerke erkannt und bemüht sich um deren Erhalt. Ulrich Müther, der bis zu seinem Tod am 21. August 2007 immer mit seiner Familie in Binz gelebt hat, wird es eine späte Genugtuung gewesen sein.

So kann man sich heute die ehemalige Buswartehalle in Binz, die Kurmuschel in Sassnitz, die Gaststätten „Inselparadies" in Baabe und „Ostseeperle" in Glowe, die Schwimmhallen des Cliff-Hotels in Sellin und des Rügen-Hotels in Sassnitz anschauen. Auch der „Teepott" in Warnemünde, ein weiterer typischer Müther-Bau, wird seit 2002 nach einer Komplettsanierung wieder als Restaurant genutzt.

Das schönste Schloss der Insel

Rund ein Jahrhundert vor Müthers Geburt begann ein Berliner Kollege im Auftrag von Fürst Wilhelm Malte I. zu Putbus, das Jagdschloss Granitz zu bauen. Das schönste Schloss der Insel thront weithin sichtbar auf dem Tempelberg, der höchsten Erhebung der Gegend, inmitten des etwa hundert Hektar großen Waldgebiets der Granitz, das seit Anfang der 1990er-Jahre zum Biosphärenreservat Südost-Rügen gehört. Der Baumeister von Wilhelm Malte I. war Johann Gottfried Steinmeyer – Anregungen und Skizzen zum Schlossbau stammten aber auch vom preußischen Thronfolger, dem späteren König Friedrich Wilhelm IV., mit dem der Fürst befreundet war. Ein Kunstwerk ist die gusseiserne Wendeltreppe mit 154 filigranen, durchbrochenen Stufen, die im 38 Meter hohen Mittelturm zur Aussichtsplattform hinaufführen. Oben bietet sich ein atemberaubender Blick über das Waldgebiet der Granitz und die Insel Rügen. Die 1845 eingebaute, selbsttragende Wendeltreppe, die sozusagen in den Turm eingespannt ist, gilt als konstruktive und ästhetische Meisterleistung des damaligen Eisenkunstgusses.

Seebad, Kaserne, Hotel …

… so könnte man die Geschichte von Prora kurz und knapp zusammenfassen.

Das KdF-Seebad Prora sollte nach dem Willen der Nationalsozialisten den Beginn des Massentourismus markieren; 20 000 Menschen wollte die NS-Organisation „Kraft durch Freude" gleichzeitig in Urlaub schicken. Der Anfang verlief auch noch nach Plan: Von 1936 bis 1939 entstanden acht riesige, miteinander verbundene Bettenhäuser, je vier auf beiden Seiten eines großen Festplatzes. Zeitweilig waren 9000 Bauarbeiter gleichzeitig am Werk. Viereinhalb Kilometer lang war der Gebäudekomplex am Ufer der Prorer Wiek – in Bestlage, würde man heute sagen. Doch dann begann der Zweite Weltkrieg, und alle Ressourcen wurden in die Kriegsproduktion gesteckt. Prora wurde nicht mehr fertig.

Nach Kriegsende wurde das Areal als Militärstandort und Kaserne, nach der Wiedervereinigung schließlich als Bundeswehrstandort genutzt. Leerstand und

Hünengräber findet man auf der ganzen Insel – besonders eindrucksvoll ist das Gräberfeld bei Lancken-Granitz.

Vernachlässigung ließen die Gebäudereihe danach immer unansehnlicher werden. Nach etlichem Hin und Her sind mittlerweile bis auf Block fünf alle noch existierenden Blocks an private Investoren verkauft, die sie – nach einer Komplettsanierung mit Denkmalschutzauflagen – in Miet- oder Eigentumswohnungen und ein Apartmenthotel umwandeln. Einige Wohnungen sind bereits bezogen. In Block fünf soll neben der bereits existierenden Jugendherberge eine moderne Bildungsstätte die gegenwärtige Ausstellung ersetzen.

Spuren der Vergangenheit

Anfang des 19. Jahrhunderts gab es noch mehr als 200 Großsteingräber auf Rügen – seither wurden drei Viertel zerstört. Und auch die restlichen wurden im

Abtauchen – in die Bäderarchitektur-Sommerfrische auf der Terrasse des Café Wilhelm in Sellin (oben) oder zum Meeresgrund mit der Tauchglocke an der Selliner Seebrücke (Mitte) oder gar in die Bronzezeit bei den Hünengräbern von Lancken-Granitz (unten).

Perfekte, wenn auch neue Bäderarchitektur: Die Seebrücke Sellin wurde in den 1990er-Jahren erbaut – nach historischem Vorbild.

Urlaubsfreuden: Ein Kaffee oder Imbiss bei leichter Sommerbrise auf der Sonnenterrasse der Seebrücke

Als „ältester Gasthof Rügens“ rühmt sich der Gasthof zur Linde in Middelhagen auf der Halbinsel Mönchgut.

Seit 1891 verkehrt eine Ruderfähre zwischen Moritzdorf und Baabe. Sie erspart Zwei- und manchmal auch Vierbeinern den Umweg um den Selliner See herum.

Blick vom Nordperd bei Göhren, dem östlichsten Punkt der Insel Rügen. Das Kap gehört zum Naturschutzgebiet Mönchgut.

Die St.-Katharinen-Kirche in Middelhagen aus dem Jahr 1455 wurde schon von vielen Künstlern gemalt, u. a. von Lyonel Feininger.

Seit 300 Jahren beinahe unverändert: das reetgedeckte Pfarrwitwenhaus in Groß Zicker

„Wer fischen will, der scheue kein Wasser."

Johann Heinrich Voß

Lauf der Zeit mehr oder weniger beschädigt, denn die Steine wurden immer wieder als Baumaterial für Straßen und Häuser genutzt oder fielen neuen Ackerflächen zum Opfer. Heute stehen die Gräber alle unter Schutz.

Von der Jungsteinzeit bis zu den Anfängen der Bronzezeit, also von etwa 4000 v. Chr. bis 1600 v. Chr., errichteten unsere Vorfahren Grabbauten, die auch als Megalith- oder Hünengräber bezeichnet werden. Sie sind damit die ältesten Zeugen menschlicher Baukunst und Kultur auf Rügen. Für solch ein Grab mussten tonnenschwere Steine bewegt werden, eine Kraftanstrengung, die man normalen Menschen nicht zutraute. Nur Riesen, also Hünen, konnten in der Lage gewesen sein, Steine dieser Größe zu transportieren und aufzurichten – so der Volksglaube. Hünengräber werden auch Dolmen genannt, ein Wort, das aus dem Bretonischen stammt und so viel wie „steinerner Tisch" bedeutet.

Warum die Menschen der Steinzeit so viel Zeit und Energie in den Bau der Hünengräber gesteckt haben? Wir wissen es nicht! Früher glaubte man, dass die Steinkammern als Gräber genutzt wurden, doch da nie vollständige Skelette, sondern ausschließlich einzelne Knochen darin gefunden wurden, könnten sie auch nur als Beinhäuser gedient haben. Wurde hier über Jahrhunderte ein Totenkult zelebriert? Gab es Nachbestattungen? Auch das wissen wir nicht mit Sicherheit. Interessant für die Forschung sind Grabbeigaben wie Steinwerkzeuge oder Bernsteinperlen, die trotz offensichtlicher Plünderungen gefunden wurden.

Vom Hünengrab zum Hügelgrab

Hünengräber findet man zwar auf der ganzen Insel, doch besonders eindrucksvoll ist das Gräberfeld bei Lancken-Granitz. Von Bäumen umgeben, bilden vier von ursprünglich acht Großsteingräbern auf einem Feld einen prähistorischen Friedhof. Weitere sehenswerte Großsteingräber sind das „Fürstengrab" bei Sassnitz, der „Risenberg" bei Nobbin, das „Herzogsgrab" bei Göhren sowie das „Pfenniggrab" bei Nipmerow.

Ab etwa 1600 v. Chr. wurden die Hünengräber von Hügelgräbern abgelöst, den typischen Begräbnisstätten der Bronze- und Eisenzeit. Es sind aufgeschüttete Hügel, in denen Urnen und Bronzegegenstände beigesetzt wurden. Heute sind sie oft mit Bäumen bewachsen. Häufig liegen Hügelgräber in Gruppen beisammen. Die „Woorker Berge" im Zentrum der Insel, bei Patzig, bestehen aus vierzehn Grabhügeln. Das größte Hügelgrab Rügens ist der „Dobberworth" (oder Dubberworth) bei Sagard.

Einer der letzten Fischer auf Rügen: Thomas Koldevitz (links) in Gager

Der kleine Hafenort Gager auf dem Mönchgut liegt im Biosphärenreservat Südost-Rügen.

NATURVERSTÄNDNIS

Tshu Ra, der Baumflüsterer

Vom Landschaftsarchitekten zum Feuerschamanen und spirituellen Berater, so könnte man den Lebensweg von Dieter Cordes kurz skizzieren. Er sieht Menschen und Bäume ganzheitlich und versucht dies in seinen Seminaren zu vermitteln.

Dieter Cordes ist auf einem Bauernhof zwischen Hamburg und Bremen aufgewachsen und hatte schon als Kind eine besondere Beziehung zu Bäumen. Nach der Ausbildung zum Landschaftsgärtner und einem Studium der Landschaftsarchitektur hat er zwölf Jahre lang als vereidigter Baumsachverständiger gearbeitet. Vor einigen Jahren kam dann durch eine Krankheit der Bruch mit seinem bisherigen Leben. Gutachten wollte er nicht mehr schreiben, doch den Bäumen wollte er treu bleiben. Deshalb begann er eine Ausbildung zum spirituellen Berater und Feuerschamanen und nennt sich seither Tshu Ra. Er behauptet von sich, die Natur lesen zu können, aber mit Wahrsagern und ähnlichen Scharlatanen möchte er nicht verglichen werden.

Eine schöne Energie

Für seine Seminare geht Dieter Cordes gern in den Schlosspark Pansevitz, in der Nähe von Gingst. Bis zur Enteignung 1945 bewohnten die Freiherren zu Innhausen und Knyphausen das Schloss, dann verfiel es allmählich. Heute stehen noch zwei Türme und einige Mauerreste. Auch der einst im englischen Landschaftsstil angelegte Park war jahrzehntelang völlig verwildert, bis ihn die Stiftung „Schlosspark Pansevitz" aus dem Dornröschenschlaf erweckte. Mit zwölf Hektar Größe und dem alten Baumbestand gehört er heute zu den wertvollsten Parkanlagen Rügens. Ein Teil dient mittlerweile als erster Friedwald der Insel.

Zu Beginn des Seminars erzählt Cordes vom Aufbau der Bäume, von ihren Strukturen und Funktionen. Er redet über Baumkrankheiten und erklärt, wie man Bäume zurückschneidet, ohne ihnen zu schaden. Auch über das Alleensterben auf Rügen durch zu viel Streusalz referiert er. Hier ist er ganz Naturwissenschaftler und gibt Wissen aus seinem früheren Leben als Landschaftsgärtner weiter. Doch allmählich wird aus dem Baumgutachter der Baumflüsterer, für den das Erleben und Fühlen der Natur das Entscheidende ist. Mit der Zeit hat er ein Gespür dafür entwickelt, wie es jedem Baum geht, ob er von anderen Bäumen bedrängt wird und was der Boden mit ihm macht. Für ihn kommunizieren Bäume miteinander, verströmen eine schöne Energie.

Trommelritual unter Eiben

Seine Seminarteilnehmer lässt Cordes die Stämme und den Boden anfassen, um sie für Signale der Bäume zu sensibilisieren. Dadurch möchte er uraltes Wissen aktivieren, denn schon seit Ewigkeiten besitzen Bäume für viele Naturvölker mystische Kräfte. Von ganz besonderer Bedeutung sind für ihn Eiben, die bis zu 2000 Jahre alt werden können und eine einzigartige Regenerationskraft besitzen. Den Germanen war dieser Baum heilig, und so säumen Eiben auch viele Plätze, an denen Gottesdienste und Gerichtsverhandlungen abgehalten wurden. Einer von Dieter Cordes' Lieblingsplätzen im Park liegt in der Nähe einiger großer, alter Eiben. Hier packt er seine Trommel aus, die speziell für ihn gefertigt wurde und die ihm heilig ist. Dann schließt er die Augen, wird zu Tshu Ra und beginnt sein meditatives Trommeln, das von einem Gesang begleitet wird, der an samische oder indianische Schamanen erinnert. Das Trommelritual wiederholt er an verschiedenen Plätzen im Park.

Bäume kommunizieren miteinander, davon ist Dieter Cordes überzeugt.

Die Kraft der Bäume

Tshu Ra Dieter Cordes, Baumgutachter, Dipl.-Ing. der Landschaftsarchitektur, Feuerschamane und spiritueller Berater, nennt seine eintägigen Seminare „Entspannung und Heilung durch die Kraft der Bäume".

Dorfstr. 12 a, 18628 Rappin, Tel. 03838 31 39 85, www.tshura.de

Maßstab 1:100.000
0 1 2km
Semper
E251
Lietzow
Schwedenstraße
96b
DUBNITZ
Mukran
Fährhafen
Sassnitz
Ventspils, Sankt-Peterburg
NEU
MUKRAN
Feuerstein-
felder
Kleiner
Jasmunder
Bodden
Schmale
Heide
Prorer
Wiek
Eisenbahn- u.
Technik-Museum
Rügen
Prora
1
21
Pulitz
Naturerbe Zentrum RÜGEN
Schanzenberg
Baumwipfelpfad
Lubkow
TRIPS
23
STREU
Kiekut
Binz
2
Kurhaus
(III-X)
Karow
Dalkvitz
Silvitz
196
Zirkow
Schmachter
See
Granitz
3
Sellin
Museums-
hof
Dolgemost
Pantow
12
Jagdschloss
Granitz
Deutsche
Alleenstraße
Viervitz
Serams
Blieschow
Zarnekow
Altensien
13
4
Baabe
POSEWALD
PASTITZ
Nistelitz
Garftitz
Neuensien
Selliner See
VILMNITZ
Lancken-
-Granitz
LONVITZ
NADE-
Burtewitz
Preetz
Seedorf
Moritz-
dorf
5
Göhren
LAUTER-
BACH
9
LITZ
GROSS STRESOW
Dummertevitz
FREETZ
MUGLITZ
Gobbin
Neu Reddevitz
Nordperd
Rookhuus
Biosphärenreservat
Having
Reddevitzer Höft
Alt
Reddevitz
Middel-
hagen
Mönch-
INSEL
VILM
Vilm
Mariendorf
Lobbe
Hagensche Wiek
Lobber Ort
Südost-
Gager
gut
Baken-B.
Svantegard
Zickerscher B.
Groß
Zicker
Rügischer
Bodden
Klein Zicker
Rügen
Thiessow
Südperd
Thiessower
Haken
Sellin
Peenemünde
Putbus

Seebäder mit Tradition

Die waldreiche Granitz und die Halbinsel Mönchgut gehören zum UNESCO-Biosphärenreservat Südost-Rügen. Auf der höchsten Erhebung, dem Tempelberg, ließ Fürst Malte zu Putbus im 19. Jahrhundert das Jagdschloss Granitz errichten. Die Seebäder Binz, Sellin, Baabe und Göhren locken mit langen Sandstränden und einzigartiger Bäderarchitektur.

1 Prora

Der Ortsteil von Binz liegt nördlich auf der Schmalen Heide, die den Kleinen Jasmunder Bodden von der Prorer Wiek der Ostsee trennt. Dass der rund 10 km lange Sandstrand zu den schönsten der Insel gehört, hatten auch die Nationalsozialisten erkannt. Sie errichteten hier den „Koloss von Prora", einen Gebäuderiegel von 4,5 km Länge, in dem 20 000 Menschen Urlaub machen sollten. Mit Kriegsbeginn 1939 wurden die Arbeiten an der fast fertigen Anlage eingestellt. Die Nationale Volksarmee der DDR nutzte die Gebäude als Kaserne.

SEHENSWERT

Das **Dokumentationszentrum Prora** beleuchtet in der Dauerausstellung MACHTUrlaub detailliert die staatliche Organisation der Freizeit im Nationalsozialismus sowie die Geschichte des KdF-Bades (Objektstr./Strandstr., Block 3, Querriegel, Tel. 038393 1 39 91, www.proradok.de; Mai–Aug. tgl. 9.30–19.00, März/April, Sept./Okt. 10.00–18.00, Febr. bis 17.00, sonst bis 16.00 Uhr).

2 Binz

Umgeben von den Wäldern der Schmalen Heide und der Granitz, vom Schmachter See und der Ostsee, könnte die Lage von Binz (6000 Einw.) kaum schöner sein. Dazu ein Sandstrand, der sich fast bis nach Sassnitz erstreckt. Das schönste Seebad Rügens nennt sich gern „Sorrent des Nordens".

SEHENSWERT

Ein Spaziergang auf der Promenade und durch die angrenzenden Straßen zeigt die ganze Pracht der **Bäderarchitektur**. Von der **Seebrücke** genießt man das Binz-Panorama, das im dreiflügeligen **Kurhaus** kulminiert.

AKTIVITÄTEN

Wenn nicht schon in Putbus, sollte man spätestens in Binz in den **Rasenden Roland** TOPZIEL steigen und nach Sellin, Baabe und Göhren fahren. Seit 2008 betreibt die Rügensche Bäderbahn die Dampfzüge, die Eisenbahnnostalgiker in Entzücken versetzen (http://ruegensche-baederbahn.de; Hauptsaison 8.00–21.00 Uhr im Stundentakt, sonst alle 2 Std.). Im Sommer gibt es auch Fahrten bis Lauterbach Mole und Sonderfahrten in den Abendstunden. Ein besonderes Erlebnis ist die Fahrt im offenen Panoramawagen.

Strandleben in Binz (links oben); Eingang zur Kulturkunststatt Prora (oben), einem Verbund verschiedener Museen, darunter das KdF-Museum mit Original-Ferienzimmer (links)

UNTERKUNFT

Der Name des Hauses verspricht nicht zu viel: Vom **€€€ Hotel am Meer** sind es wirklich nur wenige Schritte bis zum Wasser. Moderne, helle Zimmer mit Meerblick, Pool und Spa (Strandpromenade 34, Tel. 038393 4 40, www.hotel-am-meer.de).

RESTAURANTS

Der Sternekoch Ralf Haug kann auch volkstümlich: In der **€€ Canteen** serviert er in rustikalem Ambiente zum unschlagbaren Preis ein wechselndes Drei-Gänge-Menü (Zeppelinstr. 8, Tel. 038393 5 04 44, www.vier-jahreszeiten.de; Mo. Ruhetag). Im **€ Café Bäckerei Peters** kann man mit Blick auf die Fußgängerzone hervorragend frühstücken, am Nachmittag locken die Torten und für zu Hause die Brotserie „So schmeckt Rügen" (Heinrich-Heine-Str. 2, Tel. 038393 3 04 88; www.baeckerei-peters.de). Fein-bürgerliche Küche und groß-bürgerliche Portionen zu klein-bürgerlichen Preisen bietet Toni Münsterteicher in der **€€ Strandhalle Binz**, die auch mit ihrem Bäderarchitekturambiente überzeugt (Strandpromenade 5, Tel. 038393 3 15 64, www.strandhalle-binz.de; Mo. Ruhetag).

EINKAUFEN

Glas, Keramik, Porzellan, Holz, Papier – hochwertiges Kunsthandwerk von verschiedenen Kreativen aus der Gegend präsentiert Vera Runge bei **Wellenkünst** (Margaretenstr. 18, Tel. 0172 2 79 16 53, www.wellenkuenst.de).

UMGEBUNG

Das **Jagdschloss Granitz** TOPZIEL (4 km südöstl.) steht auf dem 103 m hohen Tempelberg. Das Originalinventar wurde zerstört, doch eine Ausstellung gibt Einblicke in die Zeit von Fürst Wilhelm Malte I. zu Putbus. Vom Turm bietet sich eine weite Aussicht (Tel. 038393 6 67 10, www.jagdschloss-granitz.de; Mai–Sept. tgl. 10.00–18.00, April, Okt. bis 17.00, sonst Di.–So. bis 16.00 Uhr). Im Keller befindet sich die **€€ Alte Brennerei**, ein rustikales Gasthaus. Vom Parkplatz kann man den steilen Fußweg nehmen oder ab Binz mit dem Jagdschlossexpress fahren.

INFORMATION

Kurverwaltung Binz, Haus des Gastes, Heinrich-Heine-Str. 7, 18609 Binz, Tel. 03893 14 81 48, www.ostseebad-binz.de

3 Sellin

Der Badeort (2500 Einw.) liegt mitten im Waldgebiet der Granitz, zwischen dem Hochufer der Ostsee und dem Selliner See. Gegründet wurde der Ort Ende des 13. Jh. als Zelinische beke, was so viel wie „Grünbach" bedeutet. Jahrhundertelang im Besitz der Familie von Putbus, entwickelte sich Sellin etwa ab 1880 zum Seebad.

SEHENSWERT

Flankiert von Linden führt die **Wilhelmstraße** an Restaurants, Cafés und Boutiquen vorbei zum Hochufer; Villen im Stil der **Bäderarchitektur** säumen die Prachtstraße, die schon Fürst Wilhelm Malte I. zu Putbus anlegen ließ. Die nach der Wende nach historischem Vorbild neu erbaute, 1998 eröffnete **Seebrücke** ist ein Wahrzeichen der Insel. Vom Hochufer führen Treppe und Aufzug zum **Sandstrand**.

MUSEEN

Das einzige **Bernsteinmuseum** Rügens informiert über die Entstehung des Bernsteins, zeigt sehenswerte Objekte und Goldschmiedemeister Jürgen Kintzel bei der Arbeit (Granitzer Str. 43, Tel. 038303 8 72 79, www.bernsteinmuseum-sellin.de; Juni–Sept. Mo.–Fr. 10.00–13.00, 14.00 bis 17.30, sonst 10.00–12.00, 14.00–17.00 Uhr, Sa. nur vorm.). Das kleine **Seefahrerhaus** beherbergt die Sammlung des Ortschronisten Gerhard Parchow, der allerlei kleine, alltägliche Schätze gesammelt hat (Seestr. 17 b, Tel. 038303 3 71 01; Mitte Mai–Ende Sept. Di.–So. 10.00–16.00, sonst Di.–Sa. ab 11.00 Uhr).

AKTIVITÄTEN

Start und Ziel des Jedermann-Radrennens **Rügen-Challenge** (Mitte Okt.; Anm. auf www.ketterechts.eu) sind in Sellin. Es gibt zweierlei Strecken: 54 oder 107 km lang. **AHOI! Rügen** ist eine Badelandschaft samt Saunawelt für die ganze Familie (Badstr. 1, Tel. 038303 12 30, www.ahoi-ruegen.com; Mitte März–Ende Okt. tgl. 10.00–20.00, sonst 14.00–21.00 Uhr).

Tipp

Laufend im Wald

Baabes Tourismusdirektorin Uta Donner ist begeisterte Läuferin und teilt diese Leidenschaft gern mit den Gästen. Ihr Lauftreff findet bei jedem Wetter statt – auch wenn nur ein einziger Gast zum Treffpunkt kommt. Gelaufen wird jeweils eine Stunde lang, also rund 10 km, und zwar nicht am Strand oder auf der Promenade; Ziel sind die Wälder und Wege der Baaber Heide. Unterwegs bleibt genügend Zeit für Tipps und Geschichten.

Juni–Sept. Di. 18.00, Do. 7.30 Uhr, Treffpunkt am Haus des Gastes, Baabe

Historische Schulstunde im Schulmuseum Middelhagen; Seebrücke Göhren

VERANSTALTUNG

Mit Konzerten, Tanzpartys und Feuerwerk feiern Selliner und Urlauber ein Wochenende lang gemeinsam das **Seebrückenfest** (Ende Juli).

UNTERKUNFT

Das €€ **Cliff Hotel** hat die Wende geschafft. Wo einst die SED-Oberen nächtigten, genießt man heute Fünf-Sterne-Luxus mit Schwimmbad, Sauna, Spa – und von den oberen Stockwerken einen einmaligen Rügenblick (Cliff am Meer 1, Tel. 038303 80, www.cliff-hotel.de).

RESTAURANTS

Seit 2014 wird die €€/€€€ **Seebrücke** als Eigenbetrieb der Kurverwaltung geführt. Ambiente und Aussicht sind großartig; auf der Speisekarte stehen Fisch, Fleisch, Pasta und Vegetarisches (Seebrücke 1, www.seebruecke sellin.de). Für Eisenbahnfans unverzichtbar ist ein Besuch im € **Restaurant Kleinbahnhof**; hier speist man in Waggons erster, zweiter oder dritter Klasse (An der B 196 Nr. 3, www.kleinbahnhof-sellin.de, Tel. 038303 8 79 71; Mo. und Di. Ruhetag).

INFORMATION

Kurverwaltung Sellin, Warmbadstr. 4, 18586 Sellin, Tel. 03803 1 60, www.ostseebad-sellin.de

4 Baabe

Auch in Baabe (900 Einw.) gehen die Anfänge des Tourismus auf das Ende des 19. Jh. zurück. 1893 legten die ersten Schiffe mit Urlaubern an, 1898 eröffnete das erste Hotel. Heute ist Baabe ein besonders bei Familien beliebtes Ostseebad, in dem die auf den Strand gezogenen Fischerboote noch an die Ursprünge erinnern.

SEHENSWERT

Der Mönchgutgraben bildet die Grenze zwischen dem Hauptteil Rügens und dem südlichen Zipfel der Insel. Das **Mönchguttor** am Eingang von Baabe überspannt die B 196 und markiert diese Trennlinie. Seine vier Figuren – Bäuerin, Mönch, Fischer und Ritter – stehen symbolhaft für Tradition und Kultur der Region. Touristisches Zentrum ist die in den 1920er-Jahren angelegte **Strandstraße** mit ihren Baumreihen. Zu beiden Seiten laden Restaurants und Cafés zum Verweilen ein.

UNTERKUNFT

Wem der Trubel in den Seebädern zu viel wird, der quartiert sich im €€ **Hotel Moritzdorf** ein, in zwei reetgedeckten Häusern mit Blick aufs Wasser (Moritzdorf 15, Tel. 03803 1 86, www.hotel-moritzdorf.de).

RESTAURANTS

Der € **Fischimbiss Rico Mundt** ist ideal für den kleinen Hunger zwischendurch (Dünenweg 2 A). Ins €€ **Zum Fischer** geht, wer Fisch essen möchte, der von Baabes Fischern am selben Tag angelandet wurde (Bollwerkstr. 6, Tel. 038303 8 64 28). Auch in der €/€€ **Aalkate** wird der eigene Fang verkauft, von 9.00 bis 11.00 Uhr gibt es frischen Räucherfisch, ab 17.00 Uhr warme Küche (Am Aalkaten 13, Tel. 038303 8 75 40).

UMGEBUNG

Eine Ruderfähre bringt Fußgänger und Radfahrer über den Wasserarm der Baaber Bek nach **Moritzdorf** und erspart ihnen so einen weiten Umweg. Von der Anlegestelle sind es 10 Gehmin. zum Ausflugslokal Moritzburg, dessen Terrasse einen weiten Blick bietet (Moritzdorf 14, Tel. 038303 9 58 84, www.moritzburg-ruegen.de).

INFORMATION

Kurverwaltung Ostseebad Baabe, Haus des Gastes, Am Kurpark 9, 18586 Baabe, Tel. 03803 14 20, www.baabe.de

5 Göhren

Der Name des Ostseebads stammt aus dem Slawischen und bedeutet „auf dem Berg liegend". Auch heute noch thront der Ortskern von Göhren (1200 Einw.) auf einem Höhenzug über der Ostsee. Im Ort sieht man immer wieder schöne Beispiele der Bäderarchitektur.

SEHENSWERT

Göhren verfügt über zwei durch die bewaldete Landzunge Nordperd, den östlichsten Punkt Rügens, getrennte Strände – den **Nordstrand** und den **Südstrand**. Der Südstrand ist relativ schmal und zieht sich bis Lobbe hin; die meisten bevorzugen den feinsandigen Nordstrand. Hier gibt es eine Seebrücke mit Brückenhaus, einen Anleger für Ausflugsschiffe sowie die rund 3 km lange **Bernsteinpromenade** mit Kurpark. Zwischen der Göhrener Seebrücke und dem Nordperd ragt 300 m vom Ufer entfernt der **Buskam** aus dem Wasser, Deutschlands größter Findling.

VERANSTALTUNGEN
Mehrmals während der Sommersaison findet in der Poststraße das Straßenfest **Göhrener Klangnacht** mit Markt und musikalischem Programm statt. Das Angebot regionaler Künstler reicht von Jazz über Folk bis Country (Termine im Touristenbüro).

UNTERKUNFT
Das **€€ Hotel Stranddistel** wurde nach den Vorbildern der Bäderarchitektur wiedererbaut, ein Haus mit langer Geschichte in einer ruhigen Gasse (Katharinenstr. 9, Tel. 038308 54 50, www.ruegen-hotel-stranddistel.de).

RESTAURANTS
Ob Bernstein-Torte oder König-Ludwig-Torte – im **€ Moccavino** werden Tortenträume wahr (Alt Reddevitz 18 a, Tel. 038308 6 63 36, www.moccavino.com). Einen tollen Ausblick genießt man vom Aussichtsturm im Hotel Hanseatic auf dem Nordperd; im **€ Turmcafé Bellevue** gibt es Kaffee und Kuchen (Nordperdstr. 2, Tel. 038308 5 15, www.hotel-hanseatic.de). Regionale und saisonale Gerichte gibt es im **€€ Taun Hövt** in Groß Zicker; im Frühjahr und Herbst steht frischer Hering auf der Speisekarte, im Mai Hornhecht (Boddenstr. 61, Tel. 038308 54 20, www.taun-hoevt.de).

EINKAUFEN
Die **Mönchguter Hofbrennerei zur Strandburg** stellt Obst- und Kornbrände her. Für Whiskyliebhaber gibt es ein Destillat aus Gerstenmalz und Weizen (Alt Reddevitz 36, Tel. 038308 3 41 05, www.hofbrennerei-strandburg.de).

UMGEBUNG
Ein Ausflug nach **Middelhagen** (4 km südwestl.) lohnt wegen der St.-Katharinen-Kirche (1455) und des Schulmuseums, in dem man eine historische Schulstunde besuchen kann (Dorfstr. 4, www.middelhagen.de; Juni–Aug. Di.–So. 10.00–17.00, Mai, Sept./Okt. bis 16.00, Schulstunde Mi. 10.00 Uhr). Südlich von Göhren wird es ruhiger, doch auch hier kann man baden, denn der Strand reicht über **Lobbe** (4 km südl.) bis zum südlichsten Badeort des Mönchguts **Thiessow** (8 km südl.). Ein Stück landeinwärts kommt man nach **Groß Zicker** (8 km südwestl.), das wegen seiner reetgedeckten Häuser als eines der schönsten Fischerdörfer Rügens gilt. Der **Bakenberg**, nördl. von Groß Zicker, ist mit 66 m die höchste Erhebung der Halbinsel Mönchgut. Drumherum liegen die „Zickerschen Alpen", saftig grüne, von Schafen beweidete Hügel. Wie ein langer, dürrer Finger ragt die Halbinsel **Reddevitzer Höft** westlich von Göhren in den Rügischen Bodden. Am Ende liegt Kasper Ort, ein ruhiger Platz mit schöner Steilküste.

INFORMATION
Tourist Information Göhren, Haus des Gastes, Poststr. 9, 18586 Göhren, Tel. 038308 2 59 40, www.info-goehren.de

Genießen Erleben Erfahren

DuMont Aktiv

Mit dem Hanomag auf Rügensafari

Der Gruppenkraftwagen AL 28 lässt das Herz von Oldtimerfans höher schlagen, denn er ist eine seltene Sonderanfertigung der Hannoverschen Maschinenbau AG aus den 1960er-Jahren für die Bereitschaftspolizei und den Bundesgrenzschutz. Heute können Rügenbesucher mit den kultigen Oldtimern auf Inselsafari gehen.

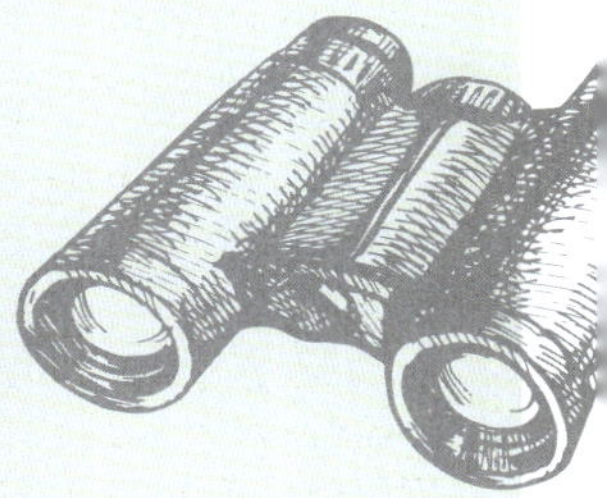

Wenn Volker Barthmann, der Organisator der Hanomag-Safaris, den Motor anlässt, merkt man sofort, was für ein rauer Bursche das Offroad-Gefährt ist. Und so hochbeinig, dass man nur mit Mühe hineingelangt; drinnen geht es spartanisch zu, und man hört den Diesel kräftig nageln. Eigentlich ist der Hanomag ein kompromissloses Geländefahrzeug, das bis zu 69 % Steigung schafft, doch solche Extreme sind bei der Rügensafari nicht angesagt. Man biegt zwar hin und wieder in einen Forstweg ein, ansonsten geht es aber sehr gemütlich über asphaltierte Straßen.

Zu den schönsten Ecken Rügens bringt Volker Barthmann seine Gäste. Dazu gehören die Großsteingräber von Lancken-Granitz mit ihren Mythen und Sagen. Dann geht es zum winzigen Weiler Gobbin mit dem Gutshaus, ins Fischerdorf Neu Reddevitz und zum Gobbiner Haken, der zwar in keinem Reiseführer zu finden ist, aber schon Drehort für die ZDF-Komödie „Küstennebel" war. Auf kleinen Straßen erreicht man Preetz mit seinen reetgedeckten Häusern und am Ende der Tour den kleinen Jachthafen von Seedorf an der Strömungsrinne Lancker Bek.

Hanomag-Tours

Ganzjährig werden vier verschiedene Touren angeboten:
Halbinsel Jasmund (Sommer Mi., Fr., Sa.; Winter Mi., Sa.),
Bodden-Granitz (Sommer Di.; Winter Fr.),
Südrügen (Sommer Mo.; Winter Do.),
Mönchgut-Zicker (Sommer Do.).

Unterwegs gibt es je nach Tour Met aus Trinkhörnern, Erbsensuppe oder Sanddornlikör.

Buchung:
Tel. 038392 3 40 01,
Mobil 0171 7 43 09 64,
www.hanomag-tours.de

„Offroad" sind die Hanomags auf Rügen nicht wirklich gefordert – dennoch macht es Spaß, mit den Geländewagen entlegene Winkel der Insel anzusteuern.

Weit weg von allem

Das flache Muttland mit Äckern und Wiesen bildet den Inselkern. Statt Trubel und Kurbetrieb findet man hier Ruhe und ländliche Idylle. In der Inselmitte liegt Bergen, Rügens größte Stadt, mit schöner alter Bausubstanz. Putbus, die „weiße Stadt", geht auf Fürst Wilhelm Malte I. zurück, der ein bemerkenswertes klassizistisches Ensemble schuf.

Rundumblick auf Rügen: 91 Meter hoch ist der Rugard im Nordosten von Bergen, weitere 27 Meter hoch der Ernst-Moritz-Arndt-Turm, der hier 1877 erbaut wurde.

Viele Monate im Jahr bewegt sich die Autokarawane beinahe Stoßstange an Stoßstange auf den Straßen, tagein, tagaus. Nach der Fahrt über die Rügenbrücke ist man zwar auf der Insel, aber noch nicht am Urlaubsziel, das für die meisten in einem der bekannten Seebäder mit den Pudersandstränden liegt.

Das flache Muttland und die Südküste liegen weit abseits des Touristenrummels. Immerhin, nach Bergen, das auf eine über tausendjährige Geschichte zurückblicken kann, und in die Residenzstadt Putbus fahren viele für einen Tagesausflug. Doch in die verschlafenen – viele nennen sie auch verlorenen – Städtchen Garz, Poseritz, Gustow, Rambin oder Zudar kommen nur wenige.

Wer sich auf eine Erkundung des stillen Rügens einlässt, fährt durch Alleen, die wie grüne Tunnel wirken, zwischen

Der größte Teil Rügens ist bodenständig geblieben. Die Seebäder liegen in einer anderen Welt.

Wiesen mit rotem Klatschmohn und zwischen leuchtend gelben Rapsfeldern hindurch. Er entdeckt stille Wieken und Lagunen, die Schutz und Nahrung für unzählige Wasservögel wie Seeadler, Wildgänse oder Silberreiher bieten. Zwischen dem Katzenkopfpflaster wächst vielerorts das Gras, Störche stolzieren über die Wiesen, nichts stört die Ruhe. Der größte Teil Rügens ist bodenständig und ruhig geblieben. Hier wird nicht flaniert, die Seebäder mit ihren Promenaden liegen in einer anderen Welt.

Fürstenträume

Zu Beginn des Badetourismus badete man noch nicht im offenen Meer, deshalb konnte die Stadt Putbus, die nicht unmittelbar am Wasser liegt, mit dem 1816 errichteten und bis heute existierenden Badehaus Goor das erste Seebad auf

Mit dem Ernst-Moritz-Arndt-Turm (oben) wurde dem auf Rügen geborenen Dichter ein Denkmal gesetzt. Wertvolle romanische Wandmalereien zieren die St.-Marien-Kirche in Bergen (Mitte). Der historische Marktplatz (unten) ist das Zentrum von Bergen – und Bergen ist das Zentrum von Rügen. Altefähr mit seinem kleinen Sporthafen (rechts) liegt dagegen ganz im Südwesten, gegenüber von Stralsund.

Oi joi joi

Im Putbuser Ortsteil Lauterbach findet sich einer der größten und modernsten Jachthäfen der Insel. Neben Bootsliegeplätzen gibt es hier auch luxuriöse Pfahlsuiten und schwimmende Ferienhäuser.

Auch das Badehaus Goor liegt in Lauterbach. Von Fürst Wilhelm Malte 1818 für seine Gäste errichtet, beherbergt es heute ein Hotel.

Ebenfalls auf Fürst Wilhelm Malte geht der Circus in Putbus zurück, ein von klassizistischen Gebäuden gerahmter Rondellplatz.

Schloss Putbus wurde 1962 gesprengt – der Landschaftspark ist bis heute erhalten.

Sechzehn strahlend weiße Häuser säumen den von Fürst Wilhelm Malte angelegten Circus.

Rügen werden. Putbus ist ein Gesamtkunstwerk – entworfen und errichtet von Wilhelm Malte I. (1783–1854), Fürst und Herr zu Putbus. Als er die Residenzstadt vor gut hundert Jahren gründete, schuf er ein einmaliges städtisches Ensemble aus Architektur, Kunst und Parklandschaft. Bis auf das 1962 gesprengte Schloss sind alle seine Bauten erhalten und vermitteln dem Besucher bis heute das Flair einer Fürstenresidenz; auch den im Stil eines englischen Landschaftsgartens angelegten Schlosspark mit altem Baumbestand, Marstall und Orangerie gibt es noch.

Der Fürst ließ sich auf seinen Reisen nach Italien vom dortigen Baustil inspirieren und errichtete innerhalb weniger Jahrzehnte nach der Gründung 1810 eine Stadt im klassizistischen Stil. Zentrum von Putbus ist der „Circus", ein kreisrunder Platz, der von leuchtend weißen Villen gesäumt wird und in dessen Mitte sich eine geometrisch gegliederte Parkanlage mit einem imposanten Obelisken befindet. Nicht weit entfernt ließ Wilhelm Malte I. vom fürstlichen Baumeister Wilhelm Steinbach das bis heute bespielte Residenztheater errichten und 1826 vom Schinkel-Schüler Johann Gottfried Steinmeyer umbauen. Der zeichnete später auch für das Jagdschloss Granitz verantwortlich.

Robin Hood der Ostsee

Die Taten des Freibeuters Klaus Störtebeker sind berühmt – und durch nichts belegt. Je tiefer man in die Biografie einsteigt, desto mehr Legenden tauchen auf. Den Namen Störtebeker gibt es dutzendfach im gesamten Nord- und Ostseeraum: Hotels mit dem werbewirksamen Namen in Samtens und Baabe, Restaurants in Hamburg und Dangast, auf Juist und Borkum, selbst eine Segelkameradschaft in Wilhelmshaven hat sich nach Klaus Störtebeker benannt. Und dann gibt es natürlich noch das Störtebeker Bier aus Stralsund. Die Liste ließe sich endlos fortsetzen.

Geboren wurde Störtebeker wahrscheinlich zwischen 1360 und 1380 irgendwo in Norddeutschland– vielleicht sogar im Dorf Ruschvitz auf Rügen. Später wurde er Anführer der Piraten um Goedeke Michels, die sich Likedeeler („Gleichteiler") nannten, weil sie den Reichen nahmen und den Armen gaben. Seinen Namen, der so viel bedeutet wie „Stürz den Becher", verdankt Störtebeker angeblich seiner Trinkfestigkeit. Der Legende nach konnte er einen Vier-Liter-Bierkrug in einem Zug leeren. Goedeke Michels und Klaus Störtebeker brachten mit ihren Piratenüberfällen fast den gesamten Handel der Stadt Hamburg zum Erliegen, erst 1401 konnten die Freibeuter gefangen genommen und zum Tode verurteilt werden.

Auch seine letzte Heldentat gehört wohl ins Reich der Legenden: Vor seiner Hinrichtung soll er ausgehandelt haben, dass alle seine Mitstreiter, an denen er mit abgeschlagenem Kopf vorbeilaufen könnte, begnadigt würden. Es wird berichtet, dass er noch an elf seiner Männer vorbeikam, bis ihm der Henker schließlich ein Bein stellte. Und auch das Versprechen, diese elf nicht hinzurichten, wurde gebrochen.

Fürst Wilhelm Malte ließ sich auf seinen Reisen nach Italien vom dortigen Baustil inspirieren.

Lange Seefahrttradition: Ralswiek wurde schon im 8. Jahrhundert als slawischer Seehafen gegründet.

Fantasie und Wirklichkeit

1878 wurde beim ehemaligen Hamburger Richtplatz auf dem Grasbrook ein Schädel gefunden und als „Störtebeker-Schädel" im Museum für Hamburgische Geschichte ausgestellt. Forensik-Experten konnten die Echtheit des Schädels allerdings nicht bestätigen. Vielleicht wurde er ja doch auf der kleinen Insel Tollow inmitten der Malziner Wiek südlich von Zudar in einem goldenen Sarg begraben? Aber auch das ist wohl nur eine Legende, denn schon viele haben vergeblich nach dem Sarg gesucht.

Jedenfalls bietet das Leben des Freibeuters genügend Stoff für die Störtebeker-Festspiele, die alljährlich zwischen Ende Juni und Anfang September auf der Freilichtbühne von Ralswiek Tausende Besucher in ihren Bann ziehen. Schon zu DDR-Zeiten wurde die „Ballade von Klaus Störtebeker" hier mehrmals aufgeführt, mit jeweils rund 2000 Mitwirkenden. Seit 1993 denkt sich das Störtebeker-Team jedes Jahr eine neue Geschichte aus dem Leben des Seeräubers aus – wie sie sich zugetragen haben könnte. Immer jedoch ist es ein großes Spektakel um Gerechtigkeit, Verrat, Freundschaft und Liebe, gespickt mit Spezialeffekten, spektakulären Stunts und abschließendem Feuerwerk über dem Großen Jasmunder Bodden.

Special

Kraniche

Die Vögel des Glücks

Auf dem Weg in die südlichen Winterquartiere machen Zehntausende Kraniche im Herbst für einige Wochen in Mecklenburg-Vorpommern Station. Einer ihrer beliebtesten Rastplätze ist die Insel Ummanz.

Kraniche rasten beim Zug in den Süden.

Große Teile von Rügens westlicher kleiner Schwester gehören zum Nationalpark Vorpommersche Boddenlandschaft. Die Flachwasserbereiche bilden einen sicheren Übernachtungsplatz für die grau gefiederten Vögel mit den langen Beinen und dem gebogenen Hals. Auf den abgeernteten Maisfeldern in der Nähe finden sie reichlich von ihrem Lieblingsfutter. Die Schreitvögel sind extrem scheu; man braucht Geduld, um sie zu beobachten – und ein wenig Glück, denn die Schlafplätze variieren je nach Witterung und Wasserstand.

Eine günstige Stelle ist die Beobachtungsplattform Tankow. Wer kurz vor der Dämmerung kommt und ein Fernglas mitbringt, hat gute Chancen, die zu ihren Schlafplätzen einfliegenden Vögel zu beobachten und zu hören, wie sie sich lautstark für die Nacht einrichten – ein unvergessliches Naturschauspiel. Ebenso beeindruckend ist die Beobachtung der Vögel am Morgen. Doch Kraniche sind Frühaufsteher; wenn noch der Herbstnebel über der Boddenlandschaft liegt, rüsten sie schon zum Aufbruch, begleitet von unruhigem Flügelschlagen und charakteristischen Rufen.

Die Wohn- und Arbeitsverhältnisse um 1900 lassen die Historischen Handwerkerstuben in Gingst aufleben …

… etwa in einer Schusterwerkstatt. Aber auch Spielzeug oder landwirtschaftliches Gerät sind in dem Museum ausgestellt.

Historie oder Legende? Dass sich das nicht immer klar trennen lässt, kann den Reiz der Störtebeker-Festspiele vor eindrucksvoller Naturkulisse nicht schmälern.

UNSERE FAVORITEN

Die besten Wellnessangebote

Sauna statt Strand

Wellness liegt im Trend, auch auf Rügen und Usedom. In den Kurorten gibt es mittlerweile mehrere Dutzend meist zertifizierte Wellness- und Gesundheitseinrichtungen. Ob als Dayspa, Wochenende oder Kurwoche – das Angebot ist vielfältig und reicht von Bernsteinmassagen über Heilkreidepackungen bis zur Kräutersauna.

1 Hansedom

Mit subtropischer Whirlpool-Landschaft, Wellenbecken, Strömungskanal und beheiztem Außenpool ist der Hansedom ein klassisches Familien-Spaßbad. Entspannung bietet die orientalische Saunalandschaft. Außerdem im Angebot: klassische und spezielle Spa-Massagen, Hot-Colour-Stone-Massage, altindische Ayurveda-Behandlungen, Aromabäder und Hamam-Zeremonien.

Grünhufer Bogen 18–20, 18437 Stralsund, Tel. 03831 3 73 30, www.hansedom.de

2 Gutshaus Strobel

Das Haus mit insgesamt nur zehn Zimmern und Ferienwohnungen im Landhausstil garantiert Ruhe und familiäre Atmosphäre. Im Spa-Bereich gibt es Saunen und Dampfbäder, außerdem werden Behandlungen mit Rügener Heilkreide angeboten. Fastenneulinge können Basenfastenkurse belegen, und auch Fastenwochen nach Buchinger sind möglich.

Ganschvitz 4, 18569 Trent, Tel. 038309 13 28, http://joomla.gutshaus-strobel.de

3 Binz-Therme

Im Wellnessbereich gibt es finnische Saunen, eine Biosauna sowie ein Soledampfbad, auch verschiedene Massagen werden angeboten. Einzigartig ist jedoch die Seeküsten-Jodsole-Quelle, deren bis zu 35 °C warmes Wasser aus 1200 m Tiefe gefördert wird. Bewegungs- und Entspannungsbecken werden mit leicht mineralisiertem Thermalwasser befüllt, im Soleschwebebecken befindet sich die konzentrierte Thermaljodsole. Besonders entspannend bei Kerzenschein.

Strandpromenade 76, 18609 Binz, Tel. 038393 60, www.binz-therme.de

4 Hotel Meersinn

Das Vier-Sterne-Haus bietet einen Wellnessbereich von mehr als 400 m², mit Saunalandschaft, Massagen und Beautybehandlungen. Das artepurimed-Gesundheitszentrum ist rund doppelt so groß und verspricht ganzheitliche Regeneration auf Grundlage der Modernen F.-X.-Mayr-Medizin. Auf die ausführliche ärztliche Diagnostik folgen die Entschlackung und Reinigung von Körper und Seele.

Schillerstraße 8, 18609 Binz, Tel. 038393 66 34 00, www.hotel-meersinn-ruegen.de

5 Grand Hotel Binz

Hotelgäste können finnische Sauna, Duftsauna, türkisches Dampfbad, Fitnessbereich und Schwimmbad ohne Extrakosten nutzen. Wer das Besondere sucht, findet es im Thai-Bali-Spa. Durch reich verzierte thailändische Tempeltüren betritt man den exklusiven Wellnessbereich und kann dann zwischen traditionellen Thai-Massagen und ayurvedischen Anwendungen wählen.

Strandpromenade 7, 18609 Binz, Tel. 038393 1 50, www.grandhotelbinz.com

6 Hotel Badehaus Goor

Fürst Wilhelm Malte I. zu Putbus ließ das stattliche, 50 m lange Gebäude 1818 an der Südküste Rügens errichten und nannte es, zu Ehren des Königs, „Friedrich-Wilhelm-Bad". Hier konnten der Fürst und seine illustren Gäste luxuriöse Badefreuden genießen. Heute leuchtet die monumentale Kolonnade von 1830 mit ihren dorischen Säulen am Ende der Allee wieder in reinem Weiß und bildet das Aushängeschild eines Vier-Sterne-Wellnesshotels. Der Spa-Bereich verfügt über einen Innenpool, finnische Sauna, Dampfsauna, Bio-Bergkristallsauna und einen Ruheraum mit Blick auf den Bodden. Der Sauna- und Fitnessbereich wurde Anfang 2017 erweitert und saniert. Aus dem hauseigenen „Luisenbrunnen" sprudelt fluorid- und jodhaltige Sole, die für Bewegungsbäder genutzt wird.

Fürst-Malte-Allee 1,
18581 Lauterbach,
Tel. 038301 8 82 60,
www.hotel-badehaus-goor.de

7 Maritim Hotel Kaiserhof

Das Meerwasserschwimmbecken ist mit 28 °C angenehm temperiert. Ein Aufenthalt in der Meeresklimakabine mit fein vernebeltem Ostseewasser hilft bei Allergien, Asthma und Bronchialinfekten. Außerdem werden Thalasso-Anwendungen sowie verschiedene Massagen angeboten. Die hoteleigene Physiotherapie ist für alle Krankenkassen zugelassen.

Strandpromenade,
17424 Heringsdorf,
Tel. 038378 6 50,
www.maritim-usedom.de

8 Ostsee-Therme

Die Badewelt umfasst ein großes Schwimmbecken, Solebecken und Außenpool, dazu Saunen und Dampfbäder. Im Wellnessbereich kommen die aus über 400 m Tiefe geförderte Jodsole sowie das balinesische Spa-Konzept zur Anwendung. Die Ostsee-Therme führt das Qualitätssiegel „Familienurlaub MV".

Lindenstraße 60,
17419 Ahlbeck,
Tel. 038378 27 30, www.ostseetherme-usedom.de

9 Das Ahlbeck

Im über 1200 m² großen Wellness- und Spa-Bereich stehen außer finnischer Sauna und Sanarium noch Dampfbad, Tepidarium und Schwimmbad zur Verfügung. Die Wellnesspakete können auch von Tagesgästen gebucht werden.

Dünenstraße 48,
17419 Ahlbeck,
Tel. 038378 4 99 40,
www.das-ahlbeck.de

Maßstab 1:180.000
0
2
4km
Dranske
Wieker Bodden
Lanckensburg
Wiek
Altenkirchen
Drewoldke
Juliusruh
Breege
Tromper Wiek
Jasmund
Enddorn
Dornbusch
Kloster
Grieben
Altbessin
Neubessin
Libben
Bug
Vitter
Vitte
Schutzzone I
Insel Hiddensee
Hiddensee
Fährinsel
Rassower Strom
Wittower Fähre
Fährhof
Bischofsdorf
Bohlendorf
Parchow
Schmantevitz
Kammin
Woldenitz
Zürkvitz
Lobkevitz
Breeger Bodden
Schaabe
Glowe
Spyckerscher See
Spyker
Schloss Spyker
Ruschvitz
Nardevitz
Baldereck
Bobbin
Polkvitz
Neddesitz
Polchow
Marlow
Sagard
Neuhof
Dobberworth
Wostevitz
Borchtitz
Semper
Vieregge
Lebbin
Liddower Haken
Hochilgor
Grubnow
Liddow
Neuenkirchen
Großer Jasmunder Bodden
Breetzer Bodden
Breetz
Moor
Moritzhagen
Vaschvitz
Seehof
Poggenhof
Neuholstein
Holstenhagen
Retelitz
Lehsten
Granskevitz
Tribkevitz
Fischersiedlung
Charlottendorf
Neuendorf
Schaproder Bodden
Schaprode
Streu
Öhe
Zubzow
Udars
Trent
Ganschvitz
Libnitz
Jabelitz
Deutsche Alleenstraße
Tetzitzer See
Zessin
Tribbevitz
Tetzitz
Banzelvitzer Berge
Groß Banzelvitz
Rappin
Helle
Bubkevitz
Zirmoisel
Moisselbritz
Kartzitz
Lübnitz
Neu Kartzitz
Gnies
Naturbühne
Ralswiek
Lietzow
Augustenhof
Kleiner Jasmunder Bodden
Schwedenstraße
Udarser Wiek
Freesen
Grosow
Venz
Silenz
Schweikvitz
Gagern
Woorke
Patzig
Jarnitz
Koselower See
Tankow
Haide
Ummanz
Presnitz
Teschvitz
Kapelle
Rügen Park
Kluis
Gingst
Suhrendorf
Waase
Dorfkirche
Volsvitz
Varbelvitz
Wusse
Mursewiek
Haidhof
Dubkevitz
Freesenort
Lieschow
Groß Kubitz
Steinshof
Rügen
Pansevitz
Boldevitz
Veikvitz
Ramitz
Lipsitz
Thesenvitz
Parchtitz
Nonnensee
Strüssendorf
Prisvitz
Stedar
Pulitz
Naturerbe Zentrum RÜGEN
Buschvitz
Baumwipfelpfad
Schanzenberg
Lubkow
ZITTVITZ
Gellen
Bock
Zingst
Stralsund
Vierendehl-Grund
Heuwiese
Güstin
Unrow
Lübvitz
Muglitz
Reischvitz
Gademow
Neuendorf
Rugard
Ernst-Moritz-Arndt-Turm
Marienkirche
BERGEN auf Rügen
TRIPS
DUMSEVITZ
STREU
Kiekut
KAISERITZ
BERGEN SÜD
Karow
Moordorf
Bußvitz
Landow
Dreschvitz
Klein Kubbelkow
Groß Kubbelkow
Platvitz
Kubitzer Bodden
Prohner Wiek
Liebitz
Ralow
Rugenhof
Dußvitz
Teschenhagen
TILZOW
NEKLADE
Silvitz
Dalkvitz
Zirkow
Güttin
Mölln
Dolgemost
Museumshof
Viervitz
Mölln Medow
Dönkvitz
Sehlen
Sehrow
Negast
Samtens
Natzevitz
Rothenkirchen
Grabitz
Bessin
Breesen
Rambin
Drammendorf
Stönkvitz
SWINE
Tegelhof
Ketelshagen
PUTBUS
GÜSTELITZ
POSEWALD
PASTITZ
VILMNITZ
NADELITZ
LITZ
LONVITZ
LAUTERBACH
FREETZ
Biosphärenreservat Südost-Rügen
KARNITZ
TANGNITZ
Tamsenberg
Kasnevitz
Schlosspark
WREECHEN
NEUENDORF
Wreechensee
Krakvitz
Glowitz
Neukamp
INSEL VILM
Vilm
Groß Damitz
Parow
Klein-Kedingshagen
Groß-Kedingshagen
KNIEPER NORD
Barnkevitz
Poppelvitz
Scharpitz
Altefähr
BIETEGAST
Mulitz
Tolkmitz
GROSS KNIEPOW
Fuchsberge
Dumgenevitz
Kasselvitz
Sellentin
Europäische Route der Backsteingotik
Götemitz
Frankenthal
Berglase
Kanonenberg
Strachtitz
Krimvitz
Altkamp
Rügendamm
Rathaus
Tierpark
Nikolaikirche
Ozeaneum
Marienkirche
Marinemuseum
Hubbrücke
Dänholm
Drigge
Jarkvitz
Grahlhof
Klein Bandelvitz
Nesebanz
Kransdorf
Datzow
Groß Stubben
Gustow
Warksow
Poseritz Hof
Zeiten
Wulfsberg
Poseritz
GARZ/Rügen
E.-M.-Arndt-Museum
Wendorf
Renz
Rosengarten
Dumsevitz
Schabernack
Rügischer Bodden
STRALSUND
Benz
Luppath
Swantow
Sissow
Prosnitz
Glutzow Hof
Grabow
Neparmitz
Puddemin
Geburtshaus von E.-M.-Arndt
Silmenitz
ANDERSHOF
Groß Lüdershagen
VOIGDEHAGEN
Neu Lüdershagen
Zitterpenningshagen
DEVIN
Neuhof
Deviner See
Venzvitz
Glutzow Siedlung
Üselitz
Mellnitz
Groß Schoritz
Schoritzer Wiek
FOSSBERG
ZUDAR
FREUDENBERG
LOSENTITZ
ZICKER
POPPELVITZ
MALTZIEN
Zudar
GRABOW
Palmer Ort
Glewitz
Glewitzer Ort
Glewitzer Fähre
Mittelgrund
Greifswalder Bodden
Negast
Wendorf
Zarrendorf
Teschenhagen
Niederhof
Middelhagen
Brandshagen
Stahlbrode
Krummenhagen
Neu Ahrendsee
Wüstenfelde
Schönhof
Groß Miltzow
Oberhinrichshagen
Ahrendsee
Schwedenstraße
Elmenhorst
Groß Elmenhorst
Bookhagen
Engelswacht
Hankenhagen
Reinberg
Falkenhagen
Sund-
hagen
Miltzow
Groß Behnkenhagen
1
2
3
4
5

Durch das Muttland

Die Inselmitte ist flach, nur selten ein wenig wellig. Durch die fruchtbaren Böden floriert die Landwirtschaft, im Frühjahr überziehen leuchtend gelbe Rapsfelder die Insel mit einem Flickenteppich. Bergen, ziemlich genau in der Mitte Rügens, lohnt wegen seiner Kirche, Putbus wegen seiner klassizistischen Architektur einen Besuch.

1 Ummanz

Schon seit mehr als hundert Jahren verbindet eine Brücke Ummanz (300 Einw.) mit Rügen, doch bis heute kommen nur wenige Besucher auf Deutschlands fünftgrößte Ostseeinsel. Der rot-weiße Leuchtturm weist den Weg in den winzigen Hafen von Waase.

SEHENSWERT

Die **St.-Marien-Kirche** (15. Jh.) versteckt sich hinter alten Bäumen. Ein Blick ins Innere der Backsteinkirche lohnt, vor allem wegen des kunstvollen gotischen Altars aus Eichenholz mit bemalten Klappflügeln. Ursprünglich sollte der Altar in der Stralsunder St.-Nikolai-Kirche stehen, doch 1708 kam er in die Dorfkirche von Waase (April–Okt. Mo. 12.00–14.00, Di.–Fr. 11.00–15.00, Sa./So. 14.00–15.00 Uhr).

AKTIVITÄTEN

Die Insel im Nationalpark Vorpommersche Boddenlandschaft bietet ein reiches Vogelleben und zählt zu den bedeutendsten **Kranichrastplätzen** Europas. Vom Unterstand in Tankow kann man im Frühjahr und Herbst die majestätischen Vögel beobachten, aber auch sonst lohnt es sich, mit dem Feldstecher auf ornithologische Erkundungen zu gehen. Eine Ausstellung im Haus des Touristenbüros informiert über den Nationalpark und seine Vögel.

UNTERKUNFT

Das **€ Ostseecamp Suhrendorf** bietet direkt am Wasser Stellplätze für Zelte und Wohnmobile, man kann aber auch Wohnwagen und Ferienwohnungen mieten. Großes Sportangebot, z. B. Kiten, Surfen, Segeln, außerdem kleiner Badestrand (Suhrendorf 4, Tel. 038305 8 22 34, www.ostseecamp-suhrendorf.de).

RESTAURANTS

Gleich nach dem Überqueren der Brücke kommt man zum Fischrestaurant **€/€€ Holzerland**. Hier gibt es von Aal bis Zander alles, was das Meer zu bieten hat, auch Geräuchertes zum Mitnehmen. Außerdem können Ruder-, Motor- und Tretboote gemietet werden (Am Focker Strom 17, Tel. 038305 81 59, www.ummanz-ruegen.de). Im **€ Gartencafé Zuckerkuss** gibt es im Sommer selbstgemachten Kuchen mit Blick auf den Bodden; im Hofladen verkauft Familie Andrasch allerlei Kunsthandwerk (Wusse 11, Tel. 038305 5 39 01, www.kubitzerbodden.de).

Fahrradwegweiser zum Hafen von Schaprode; Historische Handwerkerstuben in Gingst; Maren Hessenius in ihrer Edeldestillerie in Ummanz

INFORMATION

Ummanz-Info, Neue Str. 63 a, 18569 Waase, Tel. 038305 5 34 81, www.ruegeninsel-ummanz.de

2 Gingst

Ein Spaziergang durch das 1300-Einwohner-Dorf fernab vom Massentourismus wirkt wie eine Zeitreise. Nach einem Brand im Jahr 1950 wurde das Angerdorf mit den kleinen Häusern im Ortskern und den reetgedeckten Bauernhöfen fast komplett neu aufgebaut.

SEHENSWERT

Die um 1300 aus Backstein erbaute Hallenkirche **St. Jakobi** zeigt sich nach diversen Bränden und Umbauten im Barockstil. Die Inneneinrichtung wurde durch den Brand von 1726 völlig zerstört und danach sukzessive neu gestaltet.

MUSEUM

Zwei Fachwerkhäuser bergen die **Historischen Handwerkerstuben** mit Café im Museumshof (Karl-Marx-Str. 19/20, Tel. 038305 3 04; Mai–Okt. tgl. 10.00–17.00 Uhr).

AKTIVITÄTEN

Vielerlei Fahrgeschäfte und Spielmöglichkeiten finden Kinder im **Rügenpark**; außerdem gibt es Miniaturen von bekannten Gebäuden, wie dem Berliner Reichstag oder der Oper in Sydney (Mühlenstr. 22 b, www.ruegenpark.de; Mitte Juli bis Anf. Sept. tgl. 10.00–19.00, Sept./Okt. Di.–So. bis 17.00, Ende März–Mitte Juli bis 18.00 Uhr).

UNTERKUNFT

Das **€€€ Private Natur Resort Gut Lebbin** bietet rund 15 km nördl. von Gingst neun moderne, luxuriös eingerichtete Appartements mit direktem Zugang zum Garten und Boddenblick; kleiner Sandstrand und Kanuvermietung (Lebbin 1, Tel. 0170 5 01 00 00, http://gutlebbin.de).

EINKAUFEN

Der Buchladen Rügen überzeugt mit toller Auswahl und ebensolcher Beratung. Sehr beliebt sind die Lesungen bekannter Autoren (Am Markt 5, http://der-buchladen-ruegen.de).

UMGEBUNG

In der Manufaktur der Ersten Edeldestillerie Rügen in **Ummanz** (7 km südwestl.) werden aus handverlesenen Früchten edle Brände und Liköre hergestellt (Lieschow 17, www.1ste-edeldestillerie.de). In **Schaprode** (16 km nordwestl.) legt mehrmals tgl. die Fähre nach Hiddensee

Geburtshaus von Ernst-Moritz-Arndt (links) in Groß Schoritz; Karls Erlebnisdorf in Zirkow; Schloss Ralswiek (oben)

ab (www.reederei-hiddensee.de). Wenn noch Zeit bis zur Abfahrt bleibt: Im Ortskern stehen einige Fischerkaten, teils rohrgedeckt, mit aufwendig geschnitzten Haustüren. Die St.-Johannes-Kirche wurde Anfang des 13. Jh. im romanischen Stil erbaut; Chor, Apsis und Teile der Ostwand sind original erhalten, um 1450 wurden große Teile der Kirche im gotischen Stil neu errichtet. In der Eismanufaktur direkt am Hafen kreiert Nadine Zimmermann Köstliches.

3 Bergen

Rügens „Hauptstadt" (14 000 Einw.) liegt mitten auf der Insel, auf einem eiszeitlichen Hügel, dem Rugard. Im Zentrum des im Mittelalter von slawischen Völkern gegründeten Ortes gibt es noch Fachwerkhäuser aus dem 17. und 18. Jh.

SEHENSWERT

Die **St.-Marien-Kirche** wurde in der zweiten Hälfte des 12. Jh. von Fürst Jaromar I. begonnen und 1193 als Klosterkirche geweiht. Bemerkenswert sind die romanischen Wandmalereien mit biblischen Motiven im Innenraum. In die Außenmauer der Westwand wurde ein Grabstein eingelassen; der „Jaromarstein" stammt noch aus slawischer Zeit und könnte zum Grab des Fürsten gehört haben. Im **Klosterhof** des ehemaligen Zisterzienserklosters bei der St.-Marien-Kirche gibt es eine Reihe von Geschäften mit hochwertigem Kunsthandwerk. Ebenfalls im Klosterhof befindet sich das **Stadtmuseum** mit Exponaten zur 5000-jährigen Geschichte Bergens (www.stadtmuseum-bergen-auf-ruegen.de; Di.–Fr. 11.00–15.00, Sa. 10.00–23.00 Uhr). Ein weithin sichtbares Wahrzeichen von Bergen bildet der **Ernst-Moritz-Arndt-Turm** auf der höchsten Erhebung der Stadt, dem Rugard. Errichtet wurde der Turm für den nicht unumstrittenen Lyriker, Historiker und Politiker Ernst Moritz Arndt (1769–1860), der in Groß Schoritz auf Rügen geboren wurde. Der 27 m hohe Backsteinturm dient nicht nur als Gedenkstätte, er ist auch ein beliebter Aussichtspunkt; im Innern führt eine kunstvolle Wendeltreppe zur Plattform hinauf.

AKTIVITÄTEN

Die **Erlebniswelt Rugard** im Waldgebiet um den Turm bietet allerlei Freizeitaktivitäten: Ganzjahresrodelbahn, Rutschenturm, Kletterwald, Minigolf, Aussichtsturm und Kartbahn (Rugardweg 7, http://erlebniswelt-rugard.de; im Sommer tgl.).

UNTERKUNFT

Das Herrenhaus €€/€€€ **Schloss Ralswiek** wurde um 1900 errichtet und beherbergt heute ein komfortables Hotel mit Wellnessangeboten (Parkstr. 35, Ralswiek, Tel. 03838 2 01 20, www.schlosshotel-ralswiek.de).

UMGEBUNG

In **Götemitz** (20 km westl.) fertigt Peter Dolacinski Rügener Fayencen mit regionalen Motiven (Götemitz 24, www.dolacinski.de). **Ralswiek** (8 km nördl.) liegt in einer Bucht des Großen Jasmunder Boddens und ist weit über Rügen hinaus durch die alljährlich von Mitte Juni bis Anfang Sept. auf der Naturbühne aufgeführten **Störtebeker-Festspiele** TOPZIEL bekannt. In den letzten Jahren haben sich jeweils mehr als 300 000 Besucher die wechselnden Episoden aus dem Leben des Seeräubers angeschaut (Kartenhotline 03838 3 11 00, www.stoertebeker.de). In **Zirkow** (9 km südöstl.; von Bergen, aber auch Binz oder Sassnitz ohne Umsteigen mit dem Bus erreichbar) gibt es einen Ableger von „Karls Erlebnisdorf", eine Art Bauernhof-Freitzeitpark mit Hofladen, Marmeladenküche, Bonbonmanufaktur, Kinderbelustigungen u. v. m. (Binzer Str. 32, Tel. 038202 40 50, www.karls.de/zirkow; tgl. 8.00–19.00 Uhr).

INFORMATION

Touristinfo & Ticketshop, Am Markt 23, 18528 Bergen, Tel. 03838 80 77 60, www.stadt-bergen-auf-ruegen.de

4 Putbus

Rügens jüngste Stadt (4400 Einw.) ist zugleich das älteste Seebad der Insel. Wilhelm Malte I. zu Putbus gründete die Stadt 1810 und ließ sie im klassizistischen Stil errichten. Wegen der weiß gestrichenen Häuser wird **Putbus** TOPZIEL „Weiße Stadt", wegen der vielen Rosenstöcke auch „Rosenstadt" genannt.

SEHENSWERT

Den Höhepunkt des klassizistischen Ensembles bildet der **Circus,** ein runder Platz, der von weißen Villen gesäumt wird. Im Zentrum liegt eine Parkanlage, in deren Mitte sich ein Obelisk erhebt. Auch das ebenfalls klassizistische **Residenztheater** stammt aus der Fürstenzeit; es besticht durch unvergleichliche Akustik und ein beeindruckendes Interieur. Der Bau wurde Mitte der 1990er-Jahre nach historischem Vorbild restauriert und ist heute Aufführungsort für zahlreiche Gastspiele (Markt 13, Tel. 038301 80 80, www.theater-vorpommern.de). Bis zur Sprengung 1962 bildete das **Schloss** den Mittelpunkt des Parks von Putbus. Ursprünglich im barocken Stil angelegt, wurde der Park unter Fürst Wilhelm Malte I. zu einem **Landschaftspark** nach englischem Vorbild umgestaltet. Auch wenn vom Schloss heute nur noch die Terrassen zum Schwanenteich erhalten sind, lohnt ein Spaziergang durch den Park vor allem wegen der vielen alten, exotischen Bäume. Die **Orangerie** neben dem Schlosspark entstand im 18. Jh. nach französischem Vorbild. Früher diente sie als Winterquartier exotischer Pflanzen und für rauschende Feste, heute veranstaltet die Kulturstiftung Rügen in den Räumlichkeiten Ausstellungen (Alleestr. 35, www.kulturstiftung-ruegen.de; Mai–Okt. Di.–So. 10.00 bis 17.00, sonst Di.–Sa. 11.00–16.00 Uhr).

Tipp

Vilmschwimmen in Lauterbach

Am letzten Augustwochenende treffen sich seit 1999 einige Hundert Schwimmer in Lauterbach. Nach der Überfahrt mit dem Schiff zur Insel Vilm geht es von dort schwimmend zurück zum Lauterbacher Hafen – über eine Distanz von 2500 m. Die Schnellsten brauchen ungefähr 30 Minuten für die Strecke; Neoprenanzüge sind nicht erlaubt.

www.vilmschwimmen.de

UNTERKUNFT/RESTAURANT
Die **€–€€€ Wasserferienwelt** im Hafen von Lauterbach, das zu Putbus gehört, bietet vielfältige maritime Aktivitäten wie Segeln oder Angeln. Etwas Besonderes sind die schwimmenden Ferienhäuser und Appartements im Bootshafen sowie die Pfahlsuiten, bei deren Bau Luxusresorts auf den Malediven als Vorbild dienten (Am Yachthafen 1, Tel. 038301 80 90, www.im-jaich.de/wasserferienwelt-ruegen). Im dazugehörigen **€€ Restaurant Kormoran** sitzt man bei schönem Wetter auf der Terrasse mit Blick aufs Wasser und genießt saisonale Gerichte.

EINKAUFEN
Ein Tag am Meer steht auf einem Holzbrett vor dem kleinen Laden, drinnen gibt es garantiert nur Unikate: bemalte Holzfiguren, Bilder aus Steinen, kleine Kunstwerke aus Treibholz und Strandgut (Alleestr. 7; Mo.–Fr. 10.00–16.00 Uhr). **Circus Eins** präsentiert wechselnde Ausstellungen zeitgenössischer Kunst (Circus 1, www.circus-eins.de; April–Okt. tgl. 11.00–17.00 Uhr, sonst nur Do.–So.). Hinter der **Galerie Rotklee** steht die Künstlergemeinschaft von Walter G. Goes, Egon Arnold, Frank Otto Sperlich und Günther Haußmann; die Galerie zeigt wechselnde Ausstellungen (Markt 10; Do.–So. 13.00–18.00 Uhr).

INFOMATION
Touristen Information Putbus, Alleestr. 35, 18581 Putbus, Tel. 038301 4 31, http://ruegen-putbus.de

5 Garz

Die älteste Stadt Rügens (2200 Einw.) wurde erstmals 1316 erwähnt, kurz darauf wurde die St.-Petri-Kirche errichtet. Die Reste des 1199 zerstörten großen Burgwalls sind noch zu sehen. Die meisten Häuser stammen aus der Zeit nach dem Stadtbrand von 1765.

MUSEUM
Im **Ernst-Moritz-Arndt-Museum** werden wechselnde Ausstellungen zum Lebenswerk des im nahen Groß Schoritz geborenen Politikers und Publizisten gezeigt, außerdem Exponate zur Kulturgeschichte des Ortes (An den Anlagen 1, Tel. 038304 1 22 12; Mai–Okt. Di.–Sa. 10.00–16.00, sonst Mo.–Fr. 11.00–15.00 Uhr).

EINKAUFEN
Im Hofladen der **Molkerei Rügener Inselfrische** in Poseritz (10 km westl.) gibt es Milchprodukte aus naturbelassener Milch von Poseritzer Kühen sowie viele Sanddornprodukte – und ein kleines Café, das hausgemachten Kuchen serviert (Poseritzer Hof 15, Tel. 038307 4 04 29, www.ruegener-inselfrische.de; Mo.–Sa. 10.00–18.00 Uhr).

INFORMATION
Ernst-Moritz-Arndt-Museum, An den Anlagen 1, 18574 Garz, Tel. 038304 1 22 12, www.stadt-garz-ruegen.de

Genießen Erleben Erfahren

DuMont Aktiv

Naturparadies Vilm

Zu DDR-Zeiten war die Insel Vilm vor der Südküste Rügens ein Ferienziel für hochrangige Politiker. Auch die Honeckers verbrachten hier einige Male ihren Urlaub. Schon lange davor, im 19. Jahrhundert, wurde Vilm die Malerinsel genannt, und Caspar David Friedrich ließ sich 1810 durch den Blick auf Vilm zu seinem Bild „Landschaft auf Rügen mit Regenbogen“ inspirieren.

Seit 1990 gehört die Insel zum Biosphärenreservat Südost-Rügen und darf aus Naturschutzgründen nur noch im Rahmen von Führungen besucht werden. Maximal dreißig Passagiere besteigen im Hafen von Lauterbach die „MS Julchen“, dann geht es gemächlich die drei Kilometer über den Bodden. An der Anlegestelle auf Vilm beginnt die rund zweistündige Wanderung, zunächst durch die Siedlung, dann zum Kochufer, der Abbruchküste auf der Ostseite. Danach geht es am Wasser entlang bis zum Großen Haken an der Nordspitze und über den Grünen Berg zurück zur Anlegestelle.

Die reetgedeckten Häuser der Siedlung entstanden ab 1959 als Feriendomizil der DDR-Ministerriege, ab diesem Zeitpunkt war Vilm für die Allgemeinheit gesperrt, bis 1989. Danach träumten diverse Investoren von einem Luxusferienresort. Daraus wurde aber nichts, denn ab 1990 zog die internationale Naturschutzakademie in die Häuser, und heute arbeiten hier Wissenschaftler des Bundesamts für Naturschutz.

Die vielfältigen Küsten und die urwüchsige Natur der Insel konnten sich über lange Zeit relativ ungestört entwickeln. Besonders wertvoll sind die Buchen- und Eichenwälder, die Teile der Insel bedecken; immerhin liegt der letzte Holzeinschlag schon fast 400 Jahre zurück.

Vilm-Exkursion

Saison: April–Okt.
Abfahrt: An einzelnen Tagen um 10.00 Uhr ab Hafen Lauterbach
Reservierung: Unbedingt erforderlich

Kontakt: Termine, Reservierung und weitere Infos bei der Fahrgastreederei Lenz, Tel. 038301 6 18 96, www.vilmexkursion.de

Die Insel Vilm ist seit Mitte des 14. Jahrhunderts fast durchgängig besiedelt. Das Feriendorf mit elf reetgedeckten „Fischerhäuschen“ wurde 1959 für die DDR-Politprominenz errichtet.

Vantly

Insel der Entschleunigung

Sötes Länneken, „süßes Ländchen“, so nennen die Einheimischen gern ihre Insel. Hiddensee ist nicht mondän – will es auch gar nicht sein. Die landschaftliche Vielfalt auf kleinstem Raum und das magische Licht lockten schon Ende des 19. Jahrhunderts Schriftsteller und Künstler an. Gerhart Hauptmann nannte Hiddensee deshalb „das geistigste aller Seebäder“.

Die Gleichung ist einfach: Kein Autoverkehr – kein Stress. Hauptbeförderungsmittel auf Hiddensee sind Fahrräder und Pferdekutschen, wie hier in Vitte.

Fähr- und Ausflugsschiffe, Wassertaxis, Fischerboote – der 1994/95 rekonstruierte Hafen Vitte ist der größte und wichtigste der Insel.

Sand so weit das Auge reicht: Die gesamte Westküste Hiddensees besteht aus frei zugänglichem Naturstrand. In Vitte – wie in Kloster und Neuendorf – gibt es einen DLRG-bewachten Badestrand mit Infrastruktur.

Bei der Ankunft im Hafen von Vitte werden Urlauber – und ihr Gepäck – von Pferdekutschen erwartet.

Wer schon ein paar Tage da ist, kann die Neuankömmlinge und das sonstige Hafentreiben gemütlich vom Eiscafé aus beobachten.

„Hoch stand der Sanddorn am Strand von Hiddensee, Micha, mein Micha, und alles tat so weh …"

Nina Hagen

Nur stille, stille, dass es nicht etwa ein Weltbad werde …", mahnte Gerhart Hauptmann, der schon 1885 und danach immer wieder auf der Insel zu Gast war. Und tatsächlich tut Hiddensee einiges, um sich dem hektischen Trubel und der Verstädterung bewusst zu entziehen. Die gesamte Insel ist für den privaten Autoverkehr gesperrt, Einheimische wie Touristen gehen entweder zu Fuß oder fahren mit dem Rad, Besucher klettern auch gern in eine der Pferdekutschen. Seit einiger Zeit werden Fahrradrikschas immer beliebter, und wer es eilig hat oder Fracht im Anhänger transportieren muss, steigt mittlerweile aufs E-Bike um. Nur für den Inselbus haben die Hiddenseer noch keine elektrisch betriebene Alternative gefunden.

Natur hat Vorrang

Boddenküste, Dünenheide, Salzwiesen – mehr als vier Fünftel der Insel stehen unter Naturschutz. Es war einer der letzten Beschlüsse der DDR-Volkskammer, die Vorpommersche Boddenlandschaft und Hiddensee in den Nationalparkstatus zu erheben, und doch setzte nach der Wende ein Bauboom ein. Auf Hiddensee herrschte Goldgräberstimmung, aber damit ist auf absehbare Zeit Schluss. Neubauvorhaben bekommen inzwischen hohe Hürden in den Weg gelegt, und so wird es wohl auch weiterhin keine großen Hotelanlagen geben.

Dieses Maßhalten schützt die einmalige landschaftliche Vielfalt und unberührte Natur. Über sechzig Prozent der Insel gehören zum 1990 gegründeten Nationalpark Vorpommersche Boddenlandschaft. Der Gellen an der Südspitze der Insel sowie der Neubessin – eine Landzunge im Norden, die durch stete Sandanlagerung jährlich um dreißig Meter wächst – dürfen gar nicht betreten werden, weil sie zahlreichen Vogelarten als Rast- und Brutplatz dienen. Auch die bedrohte Kreuzotter hat ihren Weg auf die Insel gefunden. Sie lebt hier vor allem in der Dünenheide und auf den mit niedrigen Sträuchern bewachsenen Sandhaken Altbessin und Neubessin.

Für Botaniker ist Hiddensee ein kleines Eldorado. Neben über hundert Jahre alten Waldgebieten finden sie trockene, feuchte und vom Salzwasser überschwemmte Wiesen, Moore, Heide- und Dünenlandschaften, Boddenküsten, Kliffs und Sandstrände. Etwa 650 Blütenpflanzen wurden auf der Insel gezählt, dazu kommen viele Moose und Flechten.

Klangvolle Namen

Hiddensee hat viele klingende Beinamen: „Capri Pommerns", „Perle der Ostsee" oder – wie die Einheimischen sagen –

„Fischerhütten, schöne Villen grüßen sich vernünftig freundlich. Steht ein Häuschen in der Mitte, rund und rührend zum Verlieben. ‚Karusel' steht angeschrieben. Dieses Häuschen zählt zu Vitte."

Joachim Ringelnatz

„Vernünftig freundlich" grüßen sich im Uhrzeigersinn: Asta Nielsens „Karusel" in Vitte, der Hafen und die Inselkirche in Kloster sowie die Bernsteinwerkstatt von Ingolf Engels in Vitte.

Das einstige Haus eines Müller- und Bäckermeisters in Vitte bekam in den 1920er-Jahren von seiner neuen Besitzerin, der Malerin Henni Lehmann, den charakteristischen Anstrich verpasst und beherbergte als „Blaue Scheune" regelmäßig Ausstellungen des Hiddensoer Künstlerinnenbunds.

Sötes Länneken („süßes Ländchen"). Klangvolle Namen wie Gustav Gründgens, Joachim Ringelnatz, Siegmund Freud, Albert Einstein, Franz Kafka oder Günther Grass finden sich auch unter den prominenten Gästen des gerade mal 16,8 Kilometer langen und höchstens 3,7 Kilometer breiten Eilands.

Den drei Hauptorten Vitte, Kloster und Neuendorf kann man die Etiketten „Hauptstadt", „kulturelles Zentrum" und „Fischerdorf" anheften. Vitte ist zwar ebenfalls ein ehemaliges Fischerdorf, gibt sich jedoch viel moderner und damit auch touristischer als Neuendorf. Der Ort ist das Verwaltungszentrum der Insel, wobei es bei einer Gesamteinwohnerzahl von nur gut tausend Menschen eigentlich nicht viel zu verwalten gibt. So kann man in Ruhe am Hafen spazieren gehen, ein Sonnenbad am Strand nehmen, sich im Nationalparkhaus über die nächste geführte Wanderung erkundigen und sich über einige Restaurants und Kulturveranstaltungen freuen.

Auch in Vitte weist einiges auf die künstlerische Tradition der Insel hin. Im „Karusel" hatte die dänische Stummfilmdiva Asta Nielsen ihren Sommersitz. Das Haus, das sie 1923 von dem bekannten Berliner Architekten Max Taut bauen ließ, wird heute für Ausstellungen und Hochzeiten genutzt. Die von Blumen umrankte „Blaue Scheune" diente der Künstlerin Henni Lehmann und den Frauen des Hiddenseer Künstlerinnenbunds als Atelier und Ausstellungsraum.

Der Ort Kloster verdankt seinen Namen der im 13. Jahrhundert an dieser Stelle gegründeten Zisterzienserabtei, die im Zuge der Reformation aufgelöst wurde. Kloster ist ein wahres Inselidyll: hübsche, teils mit Reet gedeckte Häuser, blühende Gärten und jede Menge kulturelle Highlights. Die repräsentative „Lietzenburg", 1904 im Auftrag des Berliner Malers Oskar Kruse errichtet, war einst ein Treffpunkt für Künstler und Intellektuelle. Heute beherbergt die Villa sechs Ferienwohnungen. Das Haus „Seedorn", in dem Gerhart Hauptmann in den Som-

Neuendorfs alter Reusenschuppen dient seit 2007 als Fischereimuseum (unten). Auch die Holzskulptur am Hafen ist vom Fischfang inspiriert (rechts).

Wanderer, die im hügeligen Nordteil der Insel unterwegs sind …

… haben in der Regel den Leuchtturm auf dem Dornbusch zum Ziel, Hiddensees Wahrzeichen und beliebtestes Fotomotiv.

Der flache Gellen im Süden ist ein schmaler, langer „Sandhaken“, der jedes Jahr um einige Meter nach Süden hin wächst.

Hiddenseer Hausmarken

Special

Schmucke Kennzeichen

Die als Haus- oder Fischereimarken bezeichneten Symbole findet man noch heute – vor allem in Neuendorf – an vielen Hauswänden neben der Eingangstür in der Nähe der Hausnummer.

Die Symbole, die es nachweislich schon in der ersten Hälfte des 16. Jahrhunderts gab, erinnern an germanische Runen. Ob sie tatsächlich darauf zurückgehen, ist nicht bekannt. Hausmarken sind aus geraden Linien zusammengesetzte Symbole, die sehr einfach, aber auch recht komplex sein können. Früher wurden sie in jeglichen Besitz geschnitzt, gemeißelt oder gebrannt.

Jede Hausmarke kennzeichnete die Zugehörigkeit des Wohnhauses, aber auch allen Besitzes, wie Fischereigerät, Küchenutensilien oder Werkzeug, zu einer bestimmten Familie. Gingen Haus und Besitz durch Verkauf oder Pacht an einen neuen Eigentümer, übernahm der auch die Hausmarke. Wurde ein Hof an zwei Kinder vererbt und deshalb ein neues Haus gebaut, entstand aus der alten Hausmarke durch eine Ergänzung eine neue. Auch Gräber wurden mit den Symbolen gekennzeichnet, die ältesten solcher Grabsteine stammen aus dem 18. Jahrhundert.

Heute sind die Hausmarken zwar durch Hausnummern ersetzt, aber vielfach werden sie als Schmuckelement an den Wänden angebracht und erinnern so an die alte Sitte.

Alte Hausmarke und neue Hausnummer

mermonaten regelmäßig lebte und arbeitete, ist im Originalzustand erhalten und seit 1956 ein Museum. Auch die Inselkirche mit dem Tonnengewölbe aus Holz und der wunderschönen Deckenbemalung sowie das Heimatmuseum, das unter anderem eine Replik des sagenumwobenen Hiddenseer Goldschmucks zeigt, lohnen einen Besuch.

Hochland im Norden

Nördlich von Kloster erstreckt sich das Hiddenseer Hochland, der Dornbusch, auf dessen höchster Erhebung der weithin sichtbare Leuchtturm thront – das Wahrzeichen Hiddensees. Auf dem Weg zum Leuchtturm genießt man bis heute den berühmten „Inselblick“, der auf zahlreichen Gemälden des Hiddenseer Künstlerinnenbunds festgehalten wurde.

Das im Süden der Insel gelegene Neuendorf, mit seinen weiß gekalkten, reetgedeckten Häusern, den traditionellen Hausmarken, den unbefestigten Wegen und dem Fischereimuseum, vermittelt immer noch einen guten Einblick in das vom harten Alltag der Fischerei geprägte Inselleben längst vergangener Zeiten. Wer will, kann aber auch einfach nur Strandurlaub im Seebad Hiddensee machen, denn entlang der gesamten Westküste erstreckt sich ein feinsandiger Strand, an dem es nie voll wird.

„MALWEIBER" UND ANDERE KREATIVE

Künstlerkolonie Hiddensee

Die Mischung aus weitgehend unberührter Natur, meditativer Ruhe und einem ganz besonderen Licht lockte Ende des 19. Jahrhunderts die ersten Schriftsteller, Maler und Schauspieler nach Hiddensee. Die kleine Insel avancierte bald zum „geistigsten aller Seebäder".

In der Villa Lietzenburg in Kloster, einst Atelierhaus und Künstlertreff, werden heute Ferienwohnungen vermietet.

Hiddensee, die Insel der Fischer und Bauern, war Ende des 19. Jahrhunderts ein echter Geheimtipp für Reisende – und schwer zu erreichen, da noch nicht durch eine reguläre Fährverbindung ans Festland angebunden. Zunächst musste man sich von einem Tourenschiff ausbooten lassen, dann den Fährmann rufen, der einen bis zur Fährinsel brachte. Das letzte Stückchen wateten männliche Reisende in der Regel durchs Wasser, während die Frauen meist vom Fährmann ans Ufer getragen wurden. Dennoch (oder gerade deswegen) zog es großstadtgeplagte Gemüter damals in die Ruhe und Abgeschiedenheit Hiddensees.

Der Berliner Maler Oskar Kruse zählte zu den ersten Sommergästen, die hier ein Grundstück erwarben. „Onkel Os", wie ihn die Inselbewohner liebevoll tauften, wollte eine Künstlerkolonie ins Leben rufen. In Kloster ließ er sich 1904 einen imposanten Landsitz errichten, die Jugendstilvilla Lietzenburg, in der er in den Sommermonaten eine illustre Runde aus Schriftstellern, bildenden und darstellenden Künstlern versammelte. Bis zu seinem Tod im Jahr 1919 war die Lietzenburg das unbestrittene kreative Zentrum der Insel.

Die „Malweiber" von Hiddensee

Auch die von männlichen Kritikern oftmals als „Malweiber" verspotteten Künstlerinnen entdeckten um 1900 die kleine Ostseeinsel für sich. Bis 1919 war Frauen eine akademische Ausbildung verwehrt, der Weg an die staatlichen Kunsthochschulen verschlossen. Wer dennoch Malerin werden wollte, ging deshalb oft in kostspielige private Zeichen- und Kunstschulen oder wagte den Aufbruch ins Freie: in eine der zu dieser Zeit aufblühenden ländlichen Künstlerkolonien wie auf Hiddensee. Dort war der Lebensunterhalt nicht so teuer wie in den Großstädten, die Konventionen waren weniger streng, und Landschaftsstudien konnten direkt vor Ort betrieben werden. Motive bot Hiddensee im Überfluss: das Meer, die Dünen, die weite Küstenlandschaft, kleine Fischerdörfer, die Fischer bei ihrer harten Arbeit und dazu das viel gerühmte, besondere Licht.

„Malweiber“ wie Julie Wolfthorn (vorn) galten um 1900 als suspekt. Nur wenige Kunstschulen – wie hier die Pariser Académie Colarossi – nahmen damals weibliche Studenten auf.

Seit 1956 ist Gerhart Hauptmanns Haus in Kloster ein Museum. Arbeits- und Schlafzimmer sind im Original zu besichtigen.

Die Stralsunder Malerin Elisabeth Büchsel erlag dem Zauber schon bei ihrem ersten Besuch 1904 und verbrachte fortan die Sommermonate auf der Insel, über Jahrzehnte hinweg. Sie lebte bescheiden in einfachen Fischerhütten, die sie sich mit den einheimischen Familien teilte, und streifte mit einem Rucksack voller Farben und Pinsel sowie einer Staffelei über die Insel. Die Porträts, die sie von den Inselbewohnern anfertigte, sind noch heute in manchem Hiddenseer Haushalt zu finden.

„Hiddensoer Künstlerinnenbund"

Auch die Berliner Malerin, Musikerin und Schriftstellerin Henni Lehmann ließ sich 1907 neben der Blauen Scheune in Vitte ein Haus bauen, in dem sie mit ihrer Familie die Sommermonate verbrachte und gesellige künstlerische Abende veranstaltete. 1922 gründete sie – zusammen mit der Berliner Malerin Clara Arnheim – den Hiddenseer Künstlerinnenbund, dem bis zu seiner Auflösung unter den Nationalsozialisten im Jahr 1933 sechzehn Künstlerinnen angehörten. Elisabeth Büchsel, Henni Lehmann, Clara Arnheim, Käthe Loewenthal, Elisabeth Andrae und Julie Wolfthorn waren die bekanntesten. Der Hiddenseer Künstlerinnenbund war ein loser Zusammenschluss ohne eigene Programmatik, aber mit einer entscheidenden Gemeinsamkeit: Die Künstlerinnen verbrachten in regelmäßigen Abständen die Sommermonate auf der Insel, lebten, arbeiteten und wirkten hier und stellten in der bis heute erhaltenen Blauen Scheune in Vitte ihre Werke aus.

Gerhart Hauptmann auf Hiddensee

Der deutsche Schriftsteller und Nobelpreisträger Gerhart Hauptmann gehörte ebenfalls zu den regelmäßigen Gästen auf Hiddensee und war Teil der illustren Runde um Oskar Kruse. 23-jährig und noch völlig unbekannt, besuchte er 1885 die Insel zum ersten Mal. Als er Mitte der 1890er-Jahre zurückkehrte, war er einer der einflussreichsten Vertreter der literarischen Moderne in Deutschland.

Die Aufführung seines Stücks „Vor Sonnenaufgang" hatte in Berlin einen handfesten Theaterskandal ausgelöst und Gerhart Hauptmann über Nacht berühmt gemacht. Auseinandersetzungen mit der Zensurbehörde sollten fortan sein literarisches Schaffen begleiten, insbesondere die Uraufführung seines wohl berühmtesten Dramas „Die Weber".

Hauptmann – das Enfant terrible der Berliner Theaterlandschaft – wählte das abgeschiedene und zugleich kosmopolitische Hiddensee zu seinem Rückzugs- und Inspirationsort. Die sommerlichen Aufenthalte waren ab Mitte der 1890er-Jahre fester Bestandteil seines Lebens und seiner schriftstellerischen Arbeit. Hiddensee bezeichnete er als „das geistigste aller deutschen Seebäder".

Nach zahlreichen Aufenthalten in verschiedenen Pensionen erwarb er 1930 das Haus „Seedorn" in Kloster und ließ es um ein imposantes Arbeitszimmer im damals hochmodernen Bauhausstil erweitern. Unweit seines Hauses fand der Schriftsteller 1946 auf dem Inselfriedhof in Kloster seine letzte Ruhestätte.

Haus Seedorn, Gerhart Hauptmanns Sommersitz, ist eines der letzten noch im Originalzustand erhaltenen Dichterhäuser Deutschlands.

Maßstab 1:100.000
0
1
2km
Nationalpark
Vorpommersche
Boddenlandschaft
Hiddensee
Insel Hiddensee
Dornbusch
Enddorn
Kloster
Grieben
Vitter
Vitte
Altbessin
Neubessin
Libben
Bug
Schutzzone I
Bodden
Fährinsel
Neuendorf
Schaproder
Bodden
Gellen
Stralsund
Zingst
Vierendehl-
Grund
Vitte, Neuendorf
Vitte, Neuendorf
Heuwiese
Kubitzer
Bodden
Schutzzone I
Bock
einer Werder
Barhöft
endisch Langendorf
Solkendorf
Dranske Hof
Dranske
Lanc
Wieker
Bodden
Rassower Strom
Wiek
Vitte
Fährhof
Wittower Fähre
Bisc
Vaschvitz
Fischersiedl
Seehof
Neuholstein
Holstenhagen
Poggenhof
Retelitz
Granskevitz
Tribkevitz
Charlottendorf
Lehsten
Zubzow
Udars
Trent
Schaprode
Streu
Öhe
Udarser
Wiek
Freesen
Koselower
See
Tankow
Haide
Ummanz
Teschvitz
Kapelle
Rügen
Suhrendorf
Waase
Dorfkirche
Volsvitz
Haidhof
Wusse
Freesenort
Varbelvitz
Murswiek
Dubkevitz
Ummanz
Lieschow
Groß Kubitz
Güstin
Unrow
Lüßvitz
Moord

Kleine Insel, große Vielfalt

Auf Hiddensee herrscht traumhafte Stille, es ist der ideale Ort für entschleunigte Tage. Über sechzig Prozent der Insel gehören zum Nationalpark Vorpommersche Boddenlandschaft. Der Gellen an der Südspitze sowie die Landzunge Neubessin dürfen überhaupt nicht betreten werden, weil sie zahlreichen Vogelarten als Rast- und Brutplatz dienen.

1 Dornbusch

Einer der vielen landschaftlichen Höhepunkte Hiddensees ist das im Norden der Insel gelegene, von Wanderwegen durchzogene Hochland, das seit 1937 Naturschutzgebiet ist. Die Hiddenseer Steilküste am nördlichen Ende der Insel verliert pro Jahr etwa 30 cm Land; der abgetragene Sand wird an der Südspitze (Gellen) und an der Ostküste (Altbessin und Neubessin) wieder angespült.

SEHENSWERT

Das Wahrzeichen Hiddensees, der **Leuchtturm Dornbusch** TOPZIEL, wurde 1887/1888 auf der höchsten Erhebung der Insel, dem Bakenberg (72 m), errichtet. Er birgt eine kleine Ausstellung zur Technik des Turms und kann bestiegen werden – traumhafte Sicht über die Insel ist garantiert (April–Okt. tgl. 10.30–16.00, sonst Do. 11.00–15.00 Uhr; im Winter nur bei gutem Wetter, Info Tel. 038300 60 86 85).

UNTERKUNFT/RESTAURANT

Der Gasthof **€€ Zum Klausner** bietet unweit vom Leuchtturm Zimmer, Appartements und Ferienhäuser in Solitärlage mitten im Wald oder direkt an der Steilküste, dazu ein Restaurant mit Biergarten (Im Dornbuschwald 1, Tel. 038300 66 10, www.klausner-hiddensee.de).

UMGEBUNG

Das idyllische Dörfchen **Grieben** (50 Einw.) ist das älteste, nördlichste und kleinste der Insel. 1279 zum ersten Mal erwähnt, besteht es bis heute nur aus wenigen Häusern. Der Ortsname leitet sich vom slawischen Wortstamm *grib* („Pilz") ab und erinnert an die ersten Siedler. Im **€€/€€€ Hotel Enddorn** wohnt man noch ruhiger als anderswo und schaut auf Bodden und Dornbusch. Das dazugehörige Restaurant wirkt wie ein maritimes Museum, die gute Fischsuppe ist inselbekannt (Dorfstr. 6, Tel. 038300 6 66 18, www.hotel-enddorn.m-vp.de).

2 Kloster

Der Ort Kloster (250 Einw.) im Norden Hiddensees ist ein kleines Idyll und zugleich das kulturelle Zentrum der Insel. Entlang des Kirchwegs, der oberhalb des Hafens beginnt und sich bis zum Heimatmuseum erstreckt, spielt sich das touristische Leben hauptsächlich ab.

SEHENSWERT

Die **Inselkirche** entstand 1781 beim Umbau der ursprünglich mittelalterlichen Kapelle, die Deckenbemalung wurde 1922 durch den Berliner Künstler Nikolaus Niemeier ausgeführt. Nach alter Tradition werden bis heute alle Täuflinge mit frischem Ostseewasser getauft. Auf dem **Friedhof** sind u. a. Gerhart Hauptmann (1862–1946) und die Ausdruckstänzerin Gret Palucca (1902–1993) begraben. Alljährlich Ende Juni findet eine Palucca-Tanzwoche auf Hiddensee statt.

MUSEEN

In der ehemaligen Seenotstation erzählt das **Hiddenseer Heimatmuseum** die Geschichte der Insel; wertvollstes Exponat ist eine Replik des Hiddenseer Goldschatzes aus der Wikingerzeit, der 1872 am Neuendorfer Strand gefunden wurde (Kirchweg 1, http://heimatmuseum-hiddensee.de; Mai–Okt. tgl. 10.00–16.00 Uhr, sonst kürzer). Im **Gerhart-Hauptmann-Haus**, das heute als Museum dient, verbrachte der große deutsche Schriftsteller des Naturalismus, der 1912 den Nobelpreis für Literatur erhielt, viel Zeit. Schon Ende des 19. Jh. entdeckte er Hiddensee für sich und machte es zu seinem Rückzugs- und Inspirationsort. Sein Arbeitszimmer ist original erhalten; hier entstand 1931 das Drama „Vor Sonnenuntergang" über die Liebe eines 70-jährigen Mannes zu einer sehr viel jüngeren Frau (Kirchweg 13, www.hauptmannhaus.de; Mai–Okt. Mo.–Sa. 10.00 bis 17.00, So. 13.00–17.00 Uhr, sonst kürzer).

UNTERKUNFT

Oskar Kruse, einst Holzhändler, dann freischaffender Künstler, ließ sich 1904/05 in Kloster eine Jugendstilvilla bauen, die er Lietzenburg nannte – nach der Lietzenburger Straße in Berlin-Charlottenburg, dem ständigen Wohnsitz der Kruses – und zum Künstlertreffpunkt machte. Heute kann man in der **€€ Lietzenburg** Luxusferienwohnungen mieten (www.hiddenseeservice.de). Das **€€/€€€ Hotel Hitthim** ist das älteste Hotel in Kloster, ein historisches Fachwerkhaus von 1907 mit freiem Blick auf den Bodden; es gibt auch Ferienwohnungen und ein rustikales **€€ Restaurant** mit Hafenblick (Hafenweg 8, Tel. 038300 66 60, www.hitthim.de).

Im historischen Fachwerkhaus: Hotel Hitthim mit Restaurant in Kloster; Abendstimmung auf dem Dornbusch; weidende Schafherde auf dem Deich bei Kloster

RESTAURANTS
Gute Fischbötchen gibt es im € **Bistro am Klostergarten** (Hafenweg 6, Tel. 038300 5 02 00). Fisch, frisch und geräuchert oder als Fischsuppe, schmeckt von Ostern bis Okt. auf der € **Fischbarkasse Willi**, direkt an der Kaimauer (Tel. 0171 7 47 54 71). Gegenüber vom Gerhart-Hauptmann-Museum bietet das €€ **Wieseneck** Hering, Dorsch, Lachs, Zander und eine kräftige Kutschersuppe (Kirchweg 18, Tel. 038300 3 16, www.wieseneck-hiddensee.de).

EINKAUFEN
Ein halbes Dutzend Galerien halten in Kloster viel Hiddenseer Kunst und Kunsthandwerk bereit: **Atelier am Kirchweg** (Kirchweg 30, Tel. 038300 60 95 60), **Galerie Dwarslöper** (Kirchweg 26, Tel. 038300 6 04 29), **Galerie am Torbogen** (Am Klostertor 2, www.kirche-hiddensee.de/kuesterhaus.htm), **Galerie am Hügel** (Hügelweg 8, www.utelaux.de), **Atelier Schwalbennest** (Zum Hochland 6, Tel. 038300 3 82), **Hedins Oe** mit Café (Mühlberg 43, http://hedinsoe.de).
In der **Buchhandlung Andreas Arendt** bekommt man wirklich alles Gedruckte über Hiddensee: Kalender, Bildbände, Künstlerbiografien und viele Krimis (Kirchweg 19, Tel. 038300 4 65).

INFORMATION
Tourist Information Kloster, Hafenweg 15, Tel. 038300 6 06 54, www.seebad-hiddensee.de

3 Vitte

Der zentral gelegene Hauptort Vitte (500 Einw.), ein ehemaliges Fischerdorf, ist auch das touristische Zentrum der Insel mit den meisten Übernachtungs-, Einkaufs- und Einkehrmöglichkeiten sowie dem wichtigsten Fährhafen.

SEHENSWERT
Das runde **Asta-Nielsen-Haus** „Karusel" ist eines von vier Häusern des Berliner Bauhaus-Architekten Max Taut. Ab 1929 verbrachte die Schauspielerin oft ganze Sommer auf Hiddensee und traf sich hier mit Heinrich George, Gerhart Hauptmann oder Joachim Ringelnatz. Nach der Machtergreifung der Nationalsozialisten verließ sie Deutschland. Im „Karusel" gibt es eine Ausstellung über Asta Nielsen und Max Taut sowie ein Hochzeitszimmer (Zum Seglerhafen 7, www.asta-nielsen-haus.de; Mai–Okt. Mo., Di., Do.–Sa. 11.00–16.00 Uhr, sonst kürzer). Vittes letztes Gebäude in Richtung Norden beherbergt das **Nationalparkhaus,** das über Flora und Fauna der Insel informiert; mit Erlebnispfad und Spielplatz für Kinder, Abendvorträgen (Mai bis Okt.) und geführten Wanderungen (Norderende 2, Tel. 038300 6 80 41; April–Okt. tgl. 10.00 bis 16.00, Febr./März ab 13.00, Nov. 10.00–15.00 Uhr). In der **Homunkulus Figurensammlung** zeigt die Seebühne Vitte Requisiten, Raritäten und natürlich jede Menge Puppen, die in den bisherigen Stücken mitgespielt haben; außerdem regelmäßige Veranstaltungen und ein Café mit Sonnenterrasse (Norderende 181, www.homunkulus.de; tgl. 11.00–17.00 Uhr). Die Malerin Henni Lehmann gestaltete 1920 in Vitte eine der letzten Räucherkaten zur **Blauen Scheune** um, in der sie zusammen mit den Künstlerinnen des Hiddenseer Künstlerinnenbunds ihre Werke ausstellte. Das beliebte Fotomotiv kann nur von außen besichtigt werden (Wiesenweg 1).

AKTIVITÄTEN
Die **Seebühne Hiddensee** ist ein privates Kammertheater, das mit Marionetten klassische Stücke neu interpretiert (Wallweg 2, Tel. 038300 6 05 93, www.hiddenseebuehne.de). In Hafennähe gibt es mehrere Möglichkeiten, **Fahrräder** und **E-Bikes** zu leihen. Das **Wassersportcenter Hiddensee** bietet Surf- und Segelkurse, Schnupperstunden im Stand-Up-Paddling und vermietet Surfboards und Segelboote (Norderende 163, www.surfundsegelhiddensee.de). Jeden letzten Sa. im April startet um 10.30 Uhr am Kindergarten „Inselkrabben" der **Hiddenseelauf** über 11,6 und 21,1 km (Anm. jeweils bis 10.15 Uhr direkt vor Ort, Wiesenweg 44).

„Eine halbe Stunde bevor wir anlegten, konnte ich bereits mein rundes Paradies entdecken."
Asta Nielsen

UNTERKUNFT
Fast jedes Haus in Vitte bietet **Ferienwohnungen** an, Infos im Gastgeberverzeichnis des Touristenbüros. Auch das €€ **Godewind,** eines der wenigen Hotels, vermietet Ferienwohnungen; mit rustikalem Restaurant (Süderende 53, Tel. 038300 66 00, www.hotelgodewind.de).
Im €€ **Aparthotel Toewerland,** zentral in Vitte, gibt es Zimmer, Suiten und Ferienwohnungen (Wiesenweg 8, Tel. 038300 60 70, www.aparthotel-toewerland.de).

Tipp

Stolpersteine

Auch Hiddensee ist Teil des europaweiten Kunstprojekts, das an die Opfer des Nationalsozialismus erinnert. Insgesamt gibt es sechs Stolpersteine, alle in Vitte. Henni Lehmann gründete den Hiddenseer Künstlerinnenbund, als Jüdin wählte sie 1937 den Freitod (Lage des Steins: Wiesenweg 2). Die Malerinnen Clara Arnheim (Norderende 174), Julie Wolfthorn (Süderende 73), Käthe Loewenthal (Süderende 130) und Susanne Ritscher (Süderende 130) waren ebenfalls jüdischer Herkunft; nur Susanne Ritscher überlebte die Nazizeit, sie starb 1975. Der Reformpädagoge und Politiker Adolf Reichwein (Süderende 103), Mitglied des Kreisauer Kreises, wurde 1944 von den Nazis hingerichtet.

www.seebad-hiddensee.de/kulturelles/kunst-und-kultur/stolpersteine

Radler in Vitte; Leuchtfeuer Gellen, der „Süderleuchtturm"; Strand bei Vitte

RESTAURANTS
Im € **Fischbistro** schmecken die Fischbrötchen und das Bier am besten draußen mit Blick auf den Hafen (Achtern Diek 20, Tel. 038300 6 07 47). Gleich nebenan, in der €€ **Fischgaststätte Rennhack**, wird auch der Hungrige satt – natürlich mit diversen Fischgerichten. Drinnen sitzt man gemütlich, wer möchte, auch im Strandkorb, draußen mit Blick auf den kleinen Hafen (Achtern Diek 24, Tel. 038300 60 95 26, http://fischgaststaette-hiddensee.de). Die €€ **Hiddenseeklause**, ein rotes Holzhaus, kann man nicht übersehen; drinnen ist es kuschelig und maritim, die Speisekarte bietet inseltypische Fischgerichte (Wallweg 2–4, Tel. 038300 5 04 00).

EINKAUFEN
Im Rathaus zeigt Ulrike Northing in der **Galerie Hiddensee** ihre Werke (Norderende 162, www.ulrike-northing.de). Die **Bernsteinwerkstatt** bietet fertigen Schmuck, man kann aber auch selbst gefundene Stücke schleifen (Norderende 142, Tel 038300 6 07 30, www.bernsteinwerkstatt-vitte.de). Wer mehr über Hiddensee erfahren möchte, geht in die **Buchhandlung Koralle** (Norderende 202, Tel. 038300 2 18). Und für Alltagsbedürfnisse: EDEKA in Vitte ist der einzige **Supermarkt** der Insel, der diesen Namen verdient (Wallweg 1, Tel. 038300 5 01 47; während der Sommerferien tgl., sonst Mo.–Sa.).

INFORMATION
Insel Information Hiddensee,
Achtern Diek 18 a, 18565 Vitte,
Tel. 038300 60 86 85,
www.seebad-hiddensee.de

4 Neuendorf

Das ältere Plogshagen an der Westküste sowie Neuendorf an der Boddenseite bilden zusammen ein denkmalgeschütztes Doppeldorf mit rund 220 Einwohnern. Wer hier Urlaub macht, liebt die Ruhe.

MUSEUM
Das **Fischereimuseum Hiddensee** im ehemaligen Reusenschuppen „Lütt Partie" wurde von den Neuendorfer Fischern ins Leben gerufen; bei Führungen geben sie Einblicke in ihren Alltag (Pluderbarg 7, Mai–Okt. Mo.–Sa. 14.00–17.00 Uhr).

AKTIVITÄTEN
Zu Fuß oder mit dem Fahrrad kann man eine Tour zum „Süderleuchtturm", dem **Leuchtfeuer Gellen,** unternehmen und weiter bis zum Beginn der Kernzone des Nationalparks.

UNTERKUNFT
Zwischen Vitte und Neuendorf, am Rand der Küstendünenheide, liegt das €€ **Hotel Heiderose**, mit modernen Zimmern, Appartements und Ferienwohnungen sowie Sauna, Fitnessraum, Beautyangeboten und Restaurant (In den Dünen 127, Tel. 038300 6 30, www.hiddensee-heiderose.de).

Genießen Erleben Erfahren

DuMont Aktiv

Zwischen Wald und Meer

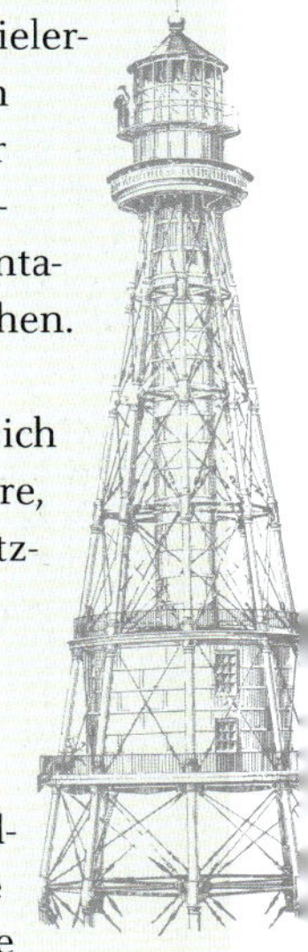

Mit einer Fläche von 250 ha gilt die Hiddenseer Dünenheide als größte noch existierende Küstendünenheide im deutschen Ostseeraum. Bei einer Wanderung, am besten mit sachkundiger Führung, erlebt man vielerlei Landschaftsformen. Das erste Stück vom Hotel Heiderose geht man durch Wald, doch schon nach wenigen Hundert Metern öffnet sich der Blick auf die wellige Dünenlandschaft. Dort bildet die blühende Besenheide (Calluna vulgaris) von Ende Juli bis Ende September einen magentafarbenen Teppich, nur von einzelnen Büschen und Bäumen unterbrochen.

Auf dem extrem trockenen und nährstoffarmen Boden fühlen sich nur wenige Pflanzenarten wohl – neben der Besenheide die Krähenbeere, Kriechweide, Silbergras und Traubenkirsche. Dabei entwickelt sich Letztere, einst zum Küstenschutz angepflanzt, immer mehr zum Problem. Die Traubenkirsche wächst so dominant, dass sie die Heide in Wald verwandeln würde, wenn man sie nicht immer wieder entfernte.

Die Hiddenseer Küstendünenheide ist eine Kulturlandschaft, die jahrhundertelang bewirtschaftet wurde. Schäfer ließen ihre Herden dort weiden, und das Heidekraut wurde als Streu für die Ställe genutzt. Dadurch konnte sich die typische Heidevegetation ständig verjüngen. Doch die traditionelle Nutzung fehlt vielerorts seit Jahrzehnten. So haben Gräser die ursprüngliche Vegetation zurückgedrängt, Birke, Brombeere, Kartoffelrose und Traubenkirsche breiten sich aus. Erst seit einigen Jahren gibt es wieder einen Wanderschäfer in der Heide, außerdem versucht man durch das „Heirieten", das Ausreißen der alten Heidekrautpflanzen, eine Verjüngung zu erreichen.

Geführte Wanderung
In der Sommersaison werden von Nationalparkrangern rund zweistündige Wanderungen durch die Küstendünenheide angeboten. Vom Hotel Heiderose geht es bis zum Meer und wieder zurück zum Ausgangspunkt.

Infos und aktuelle Termine:
www.seebad-hiddensee.de

Ostseestrand und Achterland

Kaiser-, Bernstein-, Inselbäder: Auf der Insel Usedom findet jeder seinen Traumstrand. Das mancherorts ganz nah hinter dem Ostseestrand beginnende Achterland, von Peenestrom, Achterwasser und Stettiner Haff umgeben, strahlt Ruhe und Gelassenheit aus. Es fasziniert mit unberührter Natur, grünen Wäldern und stillen Seen.

Der Sandstrand an Usedoms Ostseeküste erstreckt sich über mehr als vierzig Kilometer, von einem Seebad zum nächsten – wie hier von Ahlbeck nach Heringsdorf.

Die Geschichte der ältesten deutschen Seebrücke in Ahlbeck reicht bis ins Jahr 1898 zurück. Seit 1986 steht sie nach einer gründlichen Sanierung unter Denkmalschutz.

Strandleben wie aus dem Bilderbuch: Beachvolleyball in Ahlbeck

Länger ist keine – jedenfalls nicht in Deutschland. Die 1995 eingeweihte Seebrücke Heringsdorf misst 508 Meter.

Die drei Kaiserbäder Ahlbeck, Heringsdorf und Bansin sind heute Usedoms Visitenkarte.

Mit mehr als 1900 Sonnenscheinstunden im Jahr ist Deutschlands zweitgrößte Insel Usedom bundesweiter Spitzenreiter. Zusammen mit den kilometerlangen feinsandigen Stränden und der vielerorts wunderschönen Bäderarchitektur ist das der Hauptgrund dafür, dass die Besucherzahlen seit der Wende kontinuierlich gestiegen sind, und das nicht nur in den Sommerferien. Mittlerweile sieht man auch im Frühjahr und Herbst Gäste über die Strandpromenaden flanieren.

Die Kaiserbäder

Die „kaiserlichen drei" – Ahlbeck, Heringsdorf und Bansin – sind heute die Visitenkarte Usedoms, doch begonnen hat der Bädertourismus auf der damals noch ungeteilten Insel 1824 in Swinemünde. Mit Unterstützung des preußischen Königs entwickelte sich Swinemünde schnell zu einem noblen Ostseebad mit Kurbetrieb. Damals brachten die heutigen drei Kaiserbäder, die sich erst seit den 1990er-Jahren mit dem werbeträchtigen Namen schmücken, ihre Gäste noch lange Zeit in den spartanischen Häusern der Fischer unter, und auch die Badeanstalten waren primitiv. So ist es nicht verwunderlich, dass der hofierte Kaiser lieber im mondänen Swinemünde an Land ging.

Im Schlepptau des Monarchen kam auch die Berliner Prominenz nach Usedom. Adlige, Gelehrte, Künstler machten den Anfang, das Bürgertum folgte. Beeindruckende Villen im Stil der Bäderarchitektur entstanden, und Usedom wurde zur Badewanne Berlins – was es bis heute geblieben ist. „Wir loofen uff Wasser", sagte der Berliner, wenn er über die Usedomer Seebrücken spazierte. Einzigartiges und unverwechselbares Wahrzeichen ist die historische Seebrücke von Ahlbeck mit ihren Türmchen. Auch die über hundert Jahre alte Jugendstiluhr am Beginn der Brücke stammt noch aus dem goldenen Zeitalter.

Die Bernsteinbäder

In der Inselmitte, dort wo Usedom am schmalsten wird, wo Achterwasser und Ostsee nur wenige Hundert Meter voneinander entfernt sind, liegen die „Bernsteinbäder" Ückeritz, Loddin, Kölpinsee, Koserow und Zempin. Wer den Trubel der Kaiserbäder nicht braucht, ist hier genau richtig. Und warum Bernsteinbäder? Einerseits wollte man den Kaiserbädern etwas Werbewirksames entgegensetzen, andererseits sind hier die Chan-

Und noch eine Seebrücke: Nicht ganz so alt wie die Ahlbecker und deutlich kürzer als die Heringsdorfer, dafür gibt es in Zinnowitz eine Tauchglocke.

cen am besten, nach einem stürmischen Herbsttag ein Stück Bernstein zu finden.

Bei Koserow ist die Steilküste am höchsten; der Streckelsberg, nicht weit vom Ufer der Ostsee, bringt es immerhin auf fast sechzig Meter. Wer durch den Buchenwald den Gipfel erklimmt, genießt einen schönen Blick, von Wollin im Osten bis Jasmund im Westen. Nach einer von vielen Sagen soll die Stadt Vineta vor Koserow im Meer versunken sein. Am Grund des Vinetariffs, nicht weit vor der Küste, liegen die Steine so regelmäßig, dass sie die Mauerreste von Vineta sein könnten. Ganz profan kann man aber auch nur eiszeitliche Ablagerungen darin sehen. Bis heute hat Vineta seine Reichtümer nicht preisgegeben – bis auf ein Kreuz mit einer lebensgroßen Christusfigur, das Koserower Fischer im Mittelalter aus dem Meer gezogen haben und das heute in der Kirche von Koserow hängt. Ob es wirklich aus Vineta stammt, ist ungewiss.

In der Koserower Kirche hat der Pastor Wilhelm Meinhold gepredigt und 1843 den Roman „Die Bernsteinhexe" veröffentlicht. Er spielt zu Zeiten des Dreißigjährigen Krieges und handelt von der Tochter des Pfarrers, die am Fuß des Kliffs am Streckelsberg eine Bernsteinader findet und wegen des plötzlichen Reichtums als Hexe angeklagt wird.

Special

Badekultur

Kein Strand ohne Korb

Auf dem G8-Gipfel in Heiligendamm posierten 2007 die acht Regierungschefs in einem extragroßen Strandkorb – das Bild ging um die Welt. Danach tourte das gute Stück durch die Republik, wurde zum Kanzleramt und zum Brandenburger Tor gebracht, war dann zum Tag der Deutschen Einheit in Schwerin, bis es schließlich bei einer Versteigerung eine Million Euro für einen guten Zweck einbrachte.

Strandkorbmanufaktur in Heringsdorf

Der G8-Strandkorb war eine prestigeträchtige Sonderanfertigung der ältesten deutschen Strandkorbmanufaktur in Heringsdorf. Doch nicht nur diese Bestellung, sondern auch jeder normale Korb wird hier von Hand gefertigt – in gut fünfzig Arbeitsstunden. Rund 4000 Exemplare der Modelle Rügen, Hiddensee, Sylt, Usedom oder Juist verlassen jedes Jahr die Manufaktur. Sie unterscheiden sich in der Form, den verwendeten Hölzern, Geflechten und Stoffen. Wer damit liebäugelt, sich einen echten Heringsdorfer Strandkorb in den Garten zu stellen, muss sich im ersten Schritt zwischen Nordsee- und Ostseeform entscheiden. Der Nordseekorb besitzt eine gedrungene Haube und eine strenge, gerade Linienführung. Der Ostseekorb mit seiner rundlichen Haube und den geschwungenen Seitenteilen wirkt verspielter und eleganter.

Der größte Strandkorb der Welt – mit Platz für neunzig Personen – steht übrigens seit 2014 an der Heringsdorfer Strandpromenade.

Lüttenort nannte der Maler Otto Niemeyer-Holstein sein Anwesen zwischen Koserow und Zempin. Testamentarisch verfügte er, dass das Atelier …

… im Originalzustand erhalten werden soll. So kann es noch heute besichtigt werden. Die Werke hängen in der neuen Galerie nebenan.

Bansin, das jüngste der drei Kaiserbäder, ist mit seinen südlichen Nachbarn Heringsdorf und Ahlbeck durch eine sieben Kilometer lange historische Strandpromenade verbunden.

Das Historisch-Technische Museum in der ehemaligen NS-Heeresversuchsanstalt Peenemünde ist das Ausflugsziel Nr. 1 auf Usedom.

Die in Peenemünde entwickelte „V2-Rakete" gilt als Sinnbild für technischen Fortschritt und Zugleich für die Schrecken des Krieges.

Das „Bernsteinbad" Koserow hat beides zu bieten: fröhlich-buntes Strandleben an der Ostsee sowie ruhige, beinahe noch unberührte Natur am Achterwasser.

Auch ganz im Südosten, an der Staatsgrenze, nimmt Usedoms Strand kein Ende – im Gegenteil: So breit wie im polnischen Swinemünde ist er nirgends sonst.

Beschauliches Hinterland: der naturbelassene Wolgastsee (ganz oben), reetgedecktes Haus in Warthe im Lieper Winkel (oben links), Anklamer Tor und Marienkirche in Usedom-Stadt (rechts)

Das Wasserschloss Mellenthin (1580) hat etliche Besitzerwechsel und Nutzungsarten erlebt. Heute beherbergt es ein Hotel samt Gasthausbrauerei und Kaffeerösterei.

Einfach nur warten, dass die Sonne untergeht – das scheint auch in Krummin das Motto zu sein. Ein Stück hausgemachter Kuchen im Gartencafé Naschkatze versüßt den Tag zusätzlich.

Von den Inselbädern nach Peenemünde

Als „Inselbäder“ firmieren Karlshagen, Trassenheide und Zinnowitz im Norden Usedoms. „Familienbäder“ wäre auch ein passender Werbeslogan. Ein gutes Stück entfernt von den drei Kaiserbädern ist die Atmosphäre hier unaufgeregt und ruhig. Wobei der Sandstrand keineswegs schlechter ist als in den Kaiserbädern – nur eben nicht ganz so voll.

Peenemünde liegt nicht an der Ostsee, sondern am Peenestrom. Damit hat der kleine Ort keine Chance, vom Boom des Badetourismus zu profitieren – und doch kommen auch ohne Sandstrand die Besucher in Scharen. Allerdings bleiben sie nur ein paar Stunden, nämlich so lange, wie man braucht, um sich das größte U-Boot der Welt mit konventionellem Antrieb aus Sowjetzeiten sowie das Historisch-Technische Museum anzuschauen.

Egal ob man über die Straße oder den Usedom-Radweg nach Peenemünde gelangt, die Wunden der Geschichte sind allgegenwärtig: Große Teile der Inselspitze nördlich von Karlshagen dürfen wegen militärischer Altlasten immer noch nicht betreten werden, und entlang des Radwegs sieht man die Reste von Bunkern, Abschussrampen, Wohnsiedlungen und dem Sauerstoffwerk. Es fällt schwer, sich vorzustellen, dass sich in Peenemünde ab 1936 das modernste Hightechzentrum Europas befunden hat, in dem mehrere Tausend Menschen arbeiteten. Neben den Wissenschaftlern um Wernher von Braun waren es vor allem Zwangsarbeiter und KZ-Häftlinge, die in der Heeresversuchsanstalt die Entwicklung der Raketentechnik ermöglichten. Bis heute erhalten geblieben ist nur das Kohlekraftwerk, in dem das Historisch-Technische Museum untergebracht ist. Es liegt inmitten einer Industriebrache, die wahrscheinlich noch viele Jahre bestehen bleiben wird und Peenemünde zu einem Ort macht, der unendlich weit vom Glanz der Kaiserbäder entfernt ist.

Anders als am Ostseestrand geht es am Achterwasser ruhig, idyllisch und ländlich zu.

Achterland und Achterwasser

Das Achterland, also das Land hinter der Küste und den drei Kaiserbädern, nimmt flächenmäßig den größten Teil der Insel Usedom ein. Zahlreiche Landzungen, Buchten und Halbinseln prägen hier die Landschaft. Wälder, Wiesen, Felder und Heide geben einer bemerkenswert großen Vielfalt von Tieren und Pflanzen einen Lebensraum.

Wer seinen Urlaub statt im Trubel lieber in der Beschaulichkeit von Dörfern wie Stolpe, Dargen, Garz, Kamminke oder Pudagla verbringen möchte, findet hier mittlerweile einige charmante Ferienwohnungen. Während am Ostseestrand ausgelassene Urlaubsstimmung herrscht, geht es am Achterwasser ruhig, idyllisch und ländlich zu. An den Ufern der flachen Gewässer breiten sich weite Schilfflächen aus; in kleinen Naturhäfen wie dem von Krummin laden Hafenrestaurants zu einer Tasse Kaffee ein. Hier kann man mit dem Kanu das Achterwasser erkunden, segeln lernen, Jachten chartern – oder sich einfach nur entspannen und darauf warten, dass die Sonne untergeht.

Ausflugsziele auf dem Festland

Urlaub von der Insel

Warum nicht mal einen Badetag auslassen und einen Abstecher aufs Festland machen? Der Aufwand ist relativ gering, denn Rügen wie Usedom sind mit Brücken angebunden. Zu sehen gibt es historische Schlösser, alte Hansestädte und moderne Kunst.

4

2

1

1 Schloss Griebenow

Das Gut wurde vom Zisterzienserkloster Eldena gegründet, 1248 ist der Ort Griebenow erstmals urkundlich erwähnt. Das 1709 errichtete Barockschloss bildet heute mit der Kirche, den Wirtschaftsgebäuden und dem Park ein denkmalgeschütztes Ensemble. Seit einigen Jahren gehört das Schloss einem Verein, der es für Ausstellungen, Konzerte, Filmabende, Oster- und Adventsmärkte nutzt. Im Café wird hausgemachter Kuchen serviert.

www.schloss-griebenow.de

2 Greifswald

Aus dem Stadtbild der Hanse- und Universitätsstadt ragen Dom, Marien- und Jakobikirche heraus. Schon Caspar David Friedrich war von der Silhouette seiner Geburtsstadt fasziniert und verewigte sie in Bildern. Die Ruine des nahen Klosters Eldena zählt zu seinen bekanntesten Motiven. In der Gemäldegalerie des Pommerschen Landesmuseums und im Caspar-David-Friedrich-Zentrum kann man die Werke des bedeutendsten Malers der Romantik bewundern. Am Marktplatz befinden sich das gotisch-barocke Rathaus aus dem 13. Jahrhundert und einige hanseatische Bürgerhäuser im Stil der Backsteingotik.

www.greifswald.de

3 Skulpturenpark Katzow

Im Dorf Katzow, zwischen Greifswald und Wolgast, hat der Berliner Bildhauer Thomas Radeloff 1991 auf einer Wiese die ersten drei Skulpturen aufgestellt. Ein Jahr später trafen sich vier Künstler zum 1. Internationalen Bildhauerworkshop, danach wurde der gemeinnützige Verein „Skulpturenpark Katzow" gegründet. Heute stehen auf dem über 20 ha großen Gelände mehr als hundert Skulpturen von Künstlern aus 23 Ländern. Die Werke, meist aus Holz und rostigem Stahl, haben teils eine beachtliche Größe.

www.skulpturenpark-katzow.eu

4 Wolgast

Herausragendes Bauwerk in der historischen Innenstadt ist die spätgotische St.-Petri-Kirche, ein dreischiffiger Backsteinbau. Vom Kirchturm bietet sich ein guter Überblick über die Stadt; in der Gruft befinden sich die restaurierten Prunksarkophage der Pommernherzöge und ihrer Familienangehörigen. Das historische Rathaus, ebenfalls ein Backsteinbau, stammt aus dem 18. Jahrhundert. Der historische Brunnen vor dem alten Rathaus zeigt zwölf Bilder zur Stadtgeschichte. Im Rungehaus, dem Geburtshaus des romantischen Malers Philipp Otto Runge, sind dessen Werke ausgestellt. Das Stadtgeschichtliche Museum, ein quadratischer Fachwerkbau aus dem 17. Jahrhundert, ähnelt einer Kaffeemühle und wird im Volksmund auch so genannt. Im Museumshafen bildet das über hundert Jahre alte Eisenbahndampffährschiff „Stralsund" die Hauptattraktion.

www.stadt-wolgast.de

5 Gutshaus Buggenhagen

Vom 13. Jahrhundert bis zur Enteignung 1945 befand sich das Anwesen im Besitz der Familie von Buggenhagen. Das 1840 klassizistisch umgestaltete Hauptgebäude aus dem 18. Jahrhundert wird seit 2013 als Museum für zeitgenössische Kunst genutzt. Das Till-Richter-Museum gibt jungen Künstlern auf 1000 m^2 Fläche die Möglichkeit, ihre Arbeiten zu präsentieren. Die Sammlung des Museums umfasst Werke von Künstlern aus Europa, Amerika und Asien. Das Gutshaus ist von einem Park mit altem Baumbestand umgeben.

http://tillrichtermuseum.org

6 Anklam

Die Stadt am Fluss Peene ist vor allem als Geburtsort des Luftfahrtpioniers Otto Lilienthal bekannt. Im preisgekrönten Otto-Lilienthal-Museum sind einige seiner Flugapparate zu sehen, die oft an riesige Fledermäuse erinnern. Außerdem sehenswert sind Marien- und Nikolaikirche im Stil der Backsteingotik sowie das Anklamer Steintor, in dem das Museum zur Regionalgeschichte untergebracht ist. Zu den bedeutendsten Exponaten gehört der Anklamer Münzschatz.

www.anklam.de

7 Ueckermünde

Die Stadt an der Mündung der Uecker in das Stettiner Haff ist das jüngste Seebad Mecklenburg-Vorpommerns; der Badestrand ist fast einen Kilometer lang. Landseitig ist der Ort vom Naturpark „Am Stettiner Haff" mit dem größten Waldgebiet Vorpommerns umgeben. Das Schloss beherbergt das Haffmuseum mit Ausstellungen zur Stadtgeschichte. Die Altstadt mit Fachwerk- und Giebelhäusern ist großteils restauriert, die barocke Marienkirche stammt aus dem 18. Jahrhundert.

www.ueckermuende.de

Greifswalder Bodden
Pommersche Bucht
Stettiner Haff
Maßstab 1:210.000
0 2 4km
Insel Usedom
Naturpark
Achterwasser
Peenestrom
Krumminer Wiek
Naturschutzgebiet
Ruden
Lubmin
Peenemünde
Karlshagen
Trassenheide
Zinnowitz
Koserow
Loddin
Ückeritz
Bansin
Heringsdorf
Ahlbeck
ŚWINOUJŚCIE
WOLGAST
LASSAN
USEDOM
ANKLAM
Zempin
Kröslin
Wusterhusen
Rubenow
Lühmannsdorf
Wrangelsburg
Hanshagen
Züssow
Karlsburg
Rubkow
Murchin
Ziethen
Groß Polzin
Schmatzin
Pulow
Buggenhagen
Rankwitz
Benz
Pudagla
Korswandt
Zirchow
Garz
Kamminke
Stolpe
Mellenthin
Usedomer
Dargen
Stadtforst
Sauzin
Gnitz
Lütow
Möwenort
Peenetalmoor
Ystad
Trelleborg, København
Międzyzdroje
Greifswalder Oie

Sonneninsel voller Kontraste

Usedom lockt mit Kontrasten und Naturschönheiten. Zum Baden, Wandern, Radfahren oder Flanieren bieten sich zahllose Möglichkeiten. Am mehr als vierzig Kilometer langen Sandstrand erwarten traditionsreiche Kaiserbäder und charmante Familienbadeorte die Gästescharen. Wer es ruhiger mag, sucht sich ein Quartier am Achterwasser.

1 Peenemünde

Berühmt – und leider auch berüchtigt – wurde der Ort an der Nordspitze der Insel durch die Heeresversuchsanstalt, in der ab 1936 neue Waffen entwickelt wurden. Unter Wernher von Braun arbeiteten hier bis zu 15 000 Menschen, heute hat Peenemünde insgesamt nur noch 250 Einwohner.

MUSEEN

Das **Historisch-Technische Museum** TOPZIEL im ehemaligen Kraftwerk der Heeresversuchsanstalt zeigt die Entwicklung der Raketentechnik; auf dem Freigelände ist das Modell einer V2 in Originalgröße zu sehen. Auch die unmenschlichen Arbeitsbedingungen der Zwangsarbeiter, KZ-Häftlinge und Kriegsgefangenen werden thematisiert (Im Kraftwerk, www.peenemuende.de; April–Sept. tgl. 10.00–18.00, Okt. bis 16.00, sonst Di.–So. bis 16.00 Uhr).
Im **Spielzeugmuseum** sind Puppen und Teddybären, Technik-, Militär- und DDR-Spielzeug zu sehen (Museumsstr. 14, www.usedom-spielzeugmuseum.de; tgl. 10.00–16.00 Uhr).
Im **Phänomenta** kann man mit interaktiven Experimenten die Welt der Physik entdecken (Museumsstr. 12, www.phaenomenta-peenemuende.de; tgl. 10.00–18.00 Uhr).
Das einst größte dieselbetriebene U-Boot der russischen Marine, das **U 461**, kann man im Hafen von Peenemünde besichtigen (www.u-461.de; Juli–Mitte Sept. tgl. 10.00–19.00, Mai/Juni und Mitte Sept.–Mitte Okt. bis 17.00, sonst bis 15.00 Uhr).

AKTIVITÄTEN

Vom Flugplatz Peenemünde werden **Rundflüge** und Fotoflüge angeboten (Tel. 0700 33 33 47 47, www.peenemuende.com).

UMGEBUNG

Vom Peenemünder Hafen verkehrt von Anfang Mai bis Ende Oktober eine Fähre (für Personen und Fahrräder) nach **Freest** und **Kröslin;** außerdem Ausflugsfahrten auf die Insel **Ruden** und die **Greifswalder Oie** (Tel. 038371 2 08 29, www.schifffahrt-apollo.de).

INFORMATION

Tourist Information Peenemünde,
Peeneplatz 6, 17779 Peenemünde,
Tel. 038371 2 16 56,
www.peenemuende-info.de

Strandleben in Zinnowitz; Hafen von Lütow auf der Halbinsel Gnitz; auf dem Weg zum Strand in Zinnowitz

2 Zinnowitz

Seit 1851 nennt sich Zinnowitz (4000 Einw.) Seebad, zu Beginn des 20. Jh. entstanden viele Hotels und Pensionen im Stil der Bäderarchitektur. 1908 wurde erstmals eine Seebrücke errichtet; die heutige ist 315 m lang und wurde 1993 eröffnet. Der Ort zwischen Ostsee und Achterwasser ist umgeben von ausgedehnten Buchen-, Eichen- und Nadelwäldern.

MUSEUM

Die Bügeleisensammlung der **Eisen & Glas Art Galerie** umfasst über 3000 Exemplare; zudem gibt es mehr als 1200 Glasobjekte verschiedener Epochen und einen gut sortierten Souvenirshop (Ahlbecker Str. 30, www.eisen-glas.de; März–Okt. tgl. 10.00–19.00, sonst bis 16.30 Uhr).

AKTIVITÄTEN

Am Kopf der Seebrücke wirkt die **Tauchgondel** wie ein silberfarbenes Ufo. Jeweils zwei Dutzend Besucher werden für 30–40 Min. in der Gondel auf den Grund der Ostsee abgesenkt und bekommen dann den Lebensraum Meer erklärt (www.tauchgondel.de; Juni–Aug. tgl. 10.00 bis 21.00, April/Mai, Sept./Okt. bis 19.00, sonst 11.00–16.00 Uhr, außerhalb der Schulferien nur Mi.–So.).

VERANSTALTUNG

Seit 1997 finden auf der Zinnowitzer Ostseebühne unter freiem Himmel die **Vineta-Festspiele** statt. Jedes Jahr wird ein neues Stück aufgeführt, das immer einen Bezug zur versunkenen Stadt Vineta hat (Tel. 03971 20 89 25, www.vineta-festspiele.de; Mitte Juni–Ende Aug. Mo., Di., Do., Sa. 19.30 Uhr).

UNTERKUNFT

Der reetgedeckte €€ **Friesenhof** in Trassenheide (5 km nordwestl.) bietet neben einer großen Reitanlage auch einen Wellnessbereich sowie ein Restaurant (Bahnhofstr. 48, Trassenheide, Tel. 038371 26 10, www.friesenhof.m-vp.de).

RESTAURANT

Im € **Gartencafé Naschkatze** (8 km westl.; Dorfstr. 25, Krummin) gibt es selbstgebackenen Kuchen und herzhafte Kleinigkeiten. Im mit viel Liebe gestalteten Garten findet man jede Menge lauschige Plätzchen.

INFORMATION

Kurverwaltung Zinnowitz, Haus des Gastes,
Neue Strandstr. 30, 17454 Zinnowitz,
Tel. 038377 49 20, www.zinnowitz.de

Skulptur im Garten von Otto Niemeyer-Holstein, Lüttenort; „Polenmarkt" in Swinemünde; Tropenhaus Bansin

3 Koserow

Der Ort (1700 Einw.) liegt in der Mitte von Usedom, dort wo die Insel ihre Wespentaille zeigt. Von der Seebrücke hat man den besten Blick auf Strand und Steilküste. Zwischen Strand und Ort erhebt sich der unter Naturschutz stehende Streckelsberg, mit 58 m der höchste Punkt Usedoms. Bei klarer Sicht sind in nordwestlicher Richtung das Hügelland von Mönchgut auf Rügen und etwas östlich davon die Kreidefelsen der Stubbenkammer zu sehen; davor liegt die Greifswalder Oie. In südöstlicher Richtung reicht der Blick bis zu den Steilufern der polnischen Nachbarinsel Wollin.

MUSEUM

„Lüttenort" nannte der Maler Otto Niemeyer-Holstein (1896–1984) sein Refugium 3 km nordwestl. der Ortsmitte. Das **Ensemble aus Wohnhaus, Atelier und Garten** TOPZIEL wurde 2001 durch die Neue Galerie erweitert, in der in wechselnden Ausstellungen seine Bilder gezeigt werden (Lüttenort, www.atelier-otto-niemeyer-holstein.de; Mitte April–Mitte Okt. tgl. 10.00–18.00, sonst Mi., Do., Sa., So. bis 16.00 Uhr, Führungen 11.00, 12.00, 14.00 Uhr).

EINKAUFEN

Karls Erlebnis-Dorf bietet Kindern vielfältige Aktivitäten, Erwachsene können sich u. a. mit allen erdenklichen Erdbeerprodukten eindecken (Zum Erlebnis-Dorf 1, www.karls.de/koserow).

UMGEBUNG

Kölpinsee (südl.) ist ein ruhiges Seebad in sehr schöner Umgebung: viel Wald, breiter Sandstrand und der gleichnamige See in der Nähe.

INFORMATION

Kurverwaltung Koserow, Hauptstr. 31, 17459 Koserow, Tel. 038375 2 04 15, http://usedomer-bernsteinbaeder.de

4 Bansin

Das Seebad (2500 Einw.), das mit Heringsdorf und Ahlbeck zu den Kaiserbädern gehört, wurde 1897 gegründet, um den Badebetrieb zu fördern. Bansin war also nie ein Fischerdorf. Vor allem entlang der Seepromenade finden sich viele Villen im Stil der Bäderarchitektur. Die schmucklose Seebrücke wurde 1994 fertiggestellt.

MUSEUM

An den 1908 in Bansin geborenen Schriftsteller und Gründer der „Gruppe 47" erinnert das **Hans-Werner-Richter-Haus**; im Sommer finden freitags Lesungen statt (Waldstr. 1, Tel. 038378 4 78 01; Di.–Fr. 10.00–16.00, Sa./So. ab 12.00 Uhr).

AKTIVITÄTEN

Im kleinsten Zoo Deutschlands, dem **Tropenhaus Bansin**, sind auf 250 m² Innen- und 1300 m² Außenfläche tropische Tiere und Pflanzen zu sehen. Es gibt täglich Schaufütterungen und Führungen, außerdem einen Dschungelspielplatz (Goethestr. 10, www.tropenhaus-bansin.de; April–Sept. 10.00–18.00, sonst bis 16.00 Uhr).

UNTERKUNFT

Die €€ **Ökologische Wohnanlage Schloonsee** besteht aus 29 skandinavischen Ferienhäusern mit Terrasse und eigenem Garten (Tel. 038378 23 10, www.usedomer-ferienhaus-vermietung.de).

RESTAURANT

Das €€€ **Restaurant Atlantic** im gleichnamigen Strandhotel wird auch Gourmetansprüchen gerecht. Der Atlantic Pub bietet ein urig-maritimes Ambiente und Inselbier (Strandpromenade 18, Tel. 038378 6 06 55, www.seetel.de).

INFORMATION

Haus des Gastes, An der Seebrücke, 17429 Bansin, Tel. 038378 4 70 50, www.kaiserbaeder-auf-usedom.de

5 Heringsdorf

„Nizza des Ostens" wurde Heringsdorf (3600 Einw.) früher wegen der illustren Gäste genannt, selbst der Kaiser war vom Flair des Ortes angetan. Heute locken wieder prächtige Villen, der feine Sandstrand und die gut 500 m lange Seebrücke Besucher in das vielleicht schönste der Kaiserbäder.

MUSEUM

Das private **Muschelmuseum** besitzt rund 3000 Exponate: Muscheln, Bernsteine, Korallen und Perlen, überwiegend aus Südostasien; außerdem Buddelschiffe und Schiffsmodelle (Strandpromenade 1, Tel. 038378 3 25 79; im Sommer tgl. 10.00–20.00, sonst bis 18.00 Uhr).

AKTIVITÄTEN

Die **Volkssternwarte Manfred von Ardenne** in den Dünen beim Sportplatz bietet im Sommer Führungen samt Himmelsbeobachtung an (www.sternwarte-usedom.de; Juni–Aug. Mo. bis Fr. 20.00 Uhr). Die **Naturerlebniswelt Usedom** zeigt einen Querschnitt durch 50 Mio. Jahre Erdgeschichte. Zu sehen gibt es Insekten, Mineralien, Fossilien und Aquarien (Neuhofer Str. 75, www.schmetterlingsfarm.de/heringsdorf; März bis Okt. tgl. 10.00–19.00, sonst bis 16.30 Uhr). An der Promenade am Rosengarten veranstaltet der Usedomer Kunstverein im **Kunstpavillon** Ausstellungen, Konzerte und Lesungen (www.kunstpavillon-ostseebad-heringsdorf.de, April bis Sept. Mi.–So. 15.00–18.00, Okt. bis 17.00 Uhr).

RESTAURANTS

Das €€ **Usedomer Brauhaus** gehört zur Ostseeresidenz Heringsdorf. Spezialität ist das Inselbier, das im Haus gebraut wird (Seestr. 41, Tel. 038378 6 14 21, www.seetel.de).

UMGEBUNG

Der südwestlich gelegene **Gothensee** steht unter Naturschutz und bietet zahlreichen Vö-

Tipp

Inselsafari

Das ganze Jahr über werden 5- bis 10-stündige Touren mit einem Landrover Defender angeboten. Ob „Natur hautnah" oder „Die Insel anders erleben" – immer gibt es ein Outdoor-Programm mit Picknick oder Lagerfeuer. Abholung von der Unterkunft ist inbegriffen. Genießer kommen besonders bei der Wintertour „Natur & Dinner" auf ihre Kosten, denn hier gehört ein Drei-Gänge-Menü bei einem der Spitzenköche der Insel zum Programm.

Tel. 0172 3 16 66 34, www.insel-safari.de

geln ein ideales Brut- und Rastrevier. Sehenswert in **Mellenthin** (15 km südwestl.) sind der Botanische Garten, die spätgotische Kirche und das Wasserschloss. Der Backsteinbau geht auf das 16. Jh. zurück und wird heute als Hotel mit Restaurant genutzt (Dorfstr. 25, Tel. 038379 2 87 80, www.wasserschloss-mellenthin.de). Im Gasthaus speist man zwischen den kupfernen Kesseln der Hausbrauerei; in der ehem. Schlosskapelle wird heutzutage Kaffee geröstet.

INFORMATION
Tourist-Information, Kulmstr. 33, 17424 Heringsdorf, Tel. 038378 24 51, www.kaiserbaeder-auf-usedom.de

6 Ahlbeck

Das östlichste der drei Kaiserbäder besitzt die älteste und schönste **Seebrücke** **TOPZIEL** an der Ostseeküste und liegt direkt an der Grenze zum polnischen Świnoujście (Swinemünde). Die mit 12 km längste Strandpromenade Europas führt von Bansin über Heringsdorf und Ahlbeck (3400 Einw.) nach Świnoujście.

VERANSTALTUNGEN
Auf dem Parkplatz am ehemaligen Grenzübergang Ahlbeck findet alljährlich das **Sandskulpturenfestival** statt (Swinemünder Chaussee 16, www.sandskulpturen-usedom.de; Ende März bis Anf. Okt. tgl. 10.00–18.00 Uhr).

UNTERKUNFT
Während der mehr als hundertjährigen Geschichte des Hauses waren schon Könige und Kaiser im **€€€ Ahlbecker Hof** zu Gast. Das Fünf-Sterne-Grandhotel mit Gourmetrestaurant ist ein Blickfang in der Nähe der Seebrücke (Dünenstr. 47, Tel. 038378 6 20, www.seetel.de).

RESTAURANTS
In der Villa Auguste Viktoria im Stil der Bäderarchitektur befinden sich ein Hotel sowie das **€ Conditorei-Café Röntgen**. Die Torten lässt man sich im Wintergarten, im Innenhof oder auf der Terrasse schmecken (Bismarckstr. 1–2, Tel. 038378 24 10, www.auguste-viktoria.de).

UMGEBUNG
Das polnische **Świnoujście** (Swinemünde, 41 000 Einw.; 5 km östl.), ein wichtiger Handels- und Fährhafen, ist auch ein beliebter Kur- und Urlaubsort. Sehenswert sind das Kurviertel, die westlichen Festungen, das Ostfort, die König-Christus-Kirche, das Fischereimuseum und der Leuchtturm. Für viele deutsche Urlauber ist jedoch der 200 m hinter der Grenze beginnende riesige „Polenmarkt“ die Attraktion schlechthin. Das Angebot reicht vom Gartenzwerg bis zum Räucheraal; auch Dienstleister wie Friseure finden sich hier. Wer Zigaretten oder Spirituosen kaufen will, sollte die Zollbestimmungen kennen.

INFORMATION
Tourist-Information Ahlbeck, Dünenstr. 45, 17419 Ahlbeck, Tel. 038378 2 44 97, www.kaiserbaeder-auf-usedom.de

Genießen Erleben Erfahren

DuMont Aktiv

Radeln auf Künstlerspuren

Lyonel Feininger (1871–1956) gilt als einer der bedeutendsten Vertreter der klassischen Moderne. Zwischen 1908 und 1913 kam er im Sommer und Herbst regelmäßig nach Usedom und fertigte Hunderte von Naturskizzen an, aus denen später in seinen Ateliers in Weimar, Dessau und New York Aquarelle oder Ölbilder entstanden.

Feininger war ein leidenschaftlicher Radfahrer. Auf seinem Rennrad der Marke „Cleveland Ohio“ erkundete er jeden Winkel der Insel, den Skizzenblock immer dabei. So entstanden mit der Zeit mehr als 1200 Usedom-Motive.

Seit 2009 gibt es eine ausgeschilderte Rundtour, die zu 45 Orten führt, an denen der Künstler Skizzen gefertigt hat. Ein guter Ausgangspunkt ist das Künstlerdorf Benz, denn gleich neben der St.-Petri-Kirche, einem der zentralen Motive Feiningers, befindet sich das Kunst-Kabinett Usedom.

Hannelore Stamm und Hannes Albers zeigen in ihrer Galerie viele Feininger-Drucke und Bücher. Besonders stolz sind sie auf die Original-Kreidezeichnung „Gehender Mann mit schwarzer Jacke“, die wahrscheinlich 1910 entstanden ist. Auch ein „Cleveland Ohio“ mit Holzfelgen steht seit einigen Jahren in der Galerie.

Von Benz folgt man der gut ausgeschilderten Radroute nach Sallenthin, Bansin, Heringsdorf, Ahlbeck, Swinemünde, Zirchow, Korswandt und über Gothen zurück nach Benz. Ein Extraschlenker in Richtung Westen führt nach Neppermin und Mellenthin.

Lyonel-Feininger-Radweg
Die 56 km lange Feininger-Route verläuft größtenteils auf guten Fahrradwegen und ist mit blau-weißen Schildern gekennzeichnet. An den Malorten sind – oft nicht leicht zu findende – Bronzeplatten in den Boden eingelassen.
Hlfreich ist das Begleitbuch „Papileo auf Usedom“, das bei Touristinformationen und im Buchhandel erhältlich ist.
www.papileo.de

Kunst-Kabinett Usedom
Öffnungszeiten:
Juni–Okt. Fr.–So. 11.00–17.00 Uhr
Adresse:
Kirchstr. 14 a
17429 Benz
Tel. 038379 2 01 84
www.kunstkabinett.de

Blau-weiße Schilder markieren die Radroute auf den Spuren des Künstlers Lyonel Feininger.

EISPAVILLON

Hansestadt in neuem Glanz

Zur Hansezeit war Stralsund eine der mächtigsten und reichsten Städte im Ostseeraum. Nach Jahren des Verfalls während der DDR-Zeit sind mittlerweile fast alle Baudenkmäler in der Altstadt rund um den Alten Markt saniert. Das gesamte mittelalterliche Ensemble mit vielen kunstvollen Zeugnissen der Backsteingotik zählt seit 2002 zum Weltkulturerbe.

Windjammer-Romantik im Stralsunder Stadthafen: Das ehemalige Segelschulschiff Gorch Fock ist heute Museum und Veranstaltungsraum. Ob das Schiff je wieder in See stechen wird, ist eine Frage der Finanzmittel.

Der günstig am Strelasund gelegene Hafen bescherte der Hansestadt Stralsund im Mittelalter Reichtum.

„Und wenn die Stadt mit Ketten am Himmel befestigt ist, so werde ich sie dort herunterholen."

Albrecht von Wallenstein

Machen Sie es wie die Stadtführer mit ihren Gruppen und stellen Sie sich in die Mitte des Alten Marktes, der früher als Versammlungs-, Verkaufs- und Gerichtsplatz diente. Kaum ein anderes Rathaus der Hansezeit besitzt eine derart reich verzierte Schmuckfassade wie das in Stralsund. Die Wappen aller Hansestädte sind über den Fenstern im ersten Stock zu sehen, durch die Zierfenster darüber sieht man den Himmel. Neben dem Rathaus erhebt sich St. Nikolai, ein imposanter Kirchenbau, ebenfalls im Stil der Backsteingotik. Schon diese beiden Gebäude vermitteln einen Eindruck vom früheren Reichtum der Stadt. Auch Bürgermeister Bertram Wulflam griff im 14. Jahrhundert für den Bau des Wulflamhauses an der Nordseite des Alten Marktes tief in die Stadtkasse und ließ sich eines der schönsten Wohnhäuser der Spätgotik im gesamten norddeutschen Raum bauen.

Spiegel der Geschichte

Praktisch jedes Haus am Alten Markt erzählt ein Kapitel Geschichte der im Jahr 1234 gegründeten Stadt. Das Kommandantenhaus wurde Mitte des 18. Jahrhunderts für den schwedischen Garnisonskommandanten errichtet, am Giebel ist noch das Wappen von Schwedisch-Pommern zu sehen. Das sogenannte Gewerkschaftshaus, ein 1930 nach Plänen des Architekten Adolf Theßmacher errichteter Klinkerbau, zeigt typische Merkmale der Neuen Sachlichkeit. Und auch die DDR-Zeit hat ihre architektonische Visitenkarte am Alten Markt hinterlassen. 1982 wurde das Hotel „Zum Goldenen Löwen" gesprengt und durch ein historisierendes Gebäude in Plattenbauweise mit angedeuteten Giebeln und Klinkerfassadenelementen ersetzt.

Maritimes Flair einer Hansestadt

Der Hafen der Hansestadt war aufgrund seiner günstigen Lage am Strelasund bereits im Mittelalter ein bedeutender Umschlagplatz für Waren aus aller Welt. Bis zu 300 der dickbäuchigen Koggen waren damals unter Stralsunder Flagge im gesamten Nord- und Ostseeraum unterwegs, schwer beladen mit Hering, Bier, Wein, Tuch, Pelz oder Erz, und vermehrten so den Reichtum der hanseatischen Kaufleute. Die wiederum investierten viel Geld in große Kirchen, prunkvolle Häuser und voluminöse Speicher. Die prägen bis heute die Silhouette des Stralsunder Hafens, doch als Lagerhäuser haben sie längst ausgedient; stattdessen beherbergen sie urige Hafenbars, Fischrestaurants, Cafés oder ungewöhnliche Hotels. Auch sonst bietet der Hafen viel maritimes Flair: Das Segelschulschiff „Gorch

Vom Turm der St.-Marien-Kirche am Neuen Markt geht der Blick über die Altstadt bis zur St.-Nikolai-Kirche und zum Strelasund.

Das in Teilen auf das 13. Jahrhundert zurückgehende Rathausensemble erhielt im 17. Jahrhundert einen reizvollen zweistöckigen Durchgang.

Bei einer Rast auf der Terrasse der Wulflamstuben am Alten Markt kann man das Rathaus, das Wahrzeichen der Hansestadt, gebührend bewundern.

Der Baustil ist umstritten, nicht aber die Attraktivität des Museums.
Weit über fünf Millionen Besucher hat das Ozeaneum bisher angezogen.

Das Meeresmuseum in der Katharinenkirche ist quasi die „Mutter" des Ozeaneums. Prachtstück der Ausstellung ist ein fünfzehn Meter langes Finnwalskelett.

Fock" hat hier seinen letzten Anlegeplatz gefunden, Ausflugsdampfer legen ab, Fähren machen sich auf den Weg nach Hiddensee, und die alljährliche Segelwoche im Juni zählt zu den Höhepunkten des Veranstaltungskalenders.

Ein gewagter Entwurf

Auch das Ozeaneum auf der im 19. Jahrhundert künstlich aufgeschütteten Hafeninsel ist von alten Speicherhäusern umgeben. Vor dem Bau hatte das Deutsche Meeresmuseum einen öffentlichen Wettbewerb ausgeschrieben, bei dem sich das Stuttgarter Architekturbüro Benisch und Partner gegen internationale Mitbewerber durchsetzen konnte. Die Aufgabenstellung war nicht einfach: Der Neubau sollte modern sein und sich doch zwischen die vorhandenen Häuser einfügen. Entstanden sind vier miteinander verbundene Gebäudeteile, die vom Meer umspülte Steine symbolisieren sollen. Nicht jeder Stralsunder war mit der modernen Bauweise einverstanden, böse Zungen bezeichneten das Museum sogar als „Klorolle". Dem Erfolg tut's keinen Abbruch: Seit der Eröffnung im Juli 2008 zählte das Ozeaneum weit mehr als fünf Millionen Besucher.

Kulinarisches Stralsund

Der Bismarckhering wurde in Stralsund erfunden. Um 1850 legte der Kaufmann

Geschichtsträchtige Umgebung: Aus dem Ozeaneum sieht man auf den Hafen und die Gorch Fock

Johann Wiechmann frisch entgräteten Ostseehering in einem sauren Aufguss ein und verpackte ihn in Holzfässchen. Weil er ein Bewunderer von Otto von Bismarck war, schickte Wiechmann ihm zum Geburtstag ein Fässchen. Zur Reichsgründung 1871 bekam Bismarck noch eines, diesmal mit der Bitte, die Köstlichkeit „Bismarckhering" nennen zu dürfen. Der frischgebackene Reichskanzler gab seine Einwilligung, und seither trägt der sauer eingelegte Hering seinen Namen.

Die Anfänge des Scheelehauses in der Fährstraße gehen auf das 14. Jahrhundert zurück; 1742 wurde hier der deutsch-schwedische Apotheker Carl Wilhelm Scheele geboren, der mehrere Elemente entdeckt hat, darunter den Sauerstoff. Das Haus beherbergt heute ein Hotel mit Restaurants und einer Biokaffeerösterei.

Die wahrscheinlich besten Torten kreiert das „Café Gumpfer" in einem ehemaligen Speicher gleich neben dem Ozeaneum, mit Blick auf die Rügenbrücke.

Das Ozeaneum ist von alten Speichern umgeben.

Spezialität des Hauses ist „Gumpfer Gold", eine Torte mit Champagnercreme, Trüffelpralinencreme und Haselnüssen, verziert mit weißer Schokolade und echtem Blattgold.

„Zur Fähre" heißt die älteste Hafenkneipe Stralsunds, die schon 1332 in einem Schankbrief erwähnt wurde. Und nur hier gibt es das „Stralsunder Fährwasser", einen Kümmelschnaps, der in der Edeldestillerie in Lieschow gebrannt wird. Lange Zeit durften nur Stammgäste in die Kneipe – eine Sperrkordel vor der Innentür signalisierte Fremden: Bis hierher und nicht weiter. Die jetzige Wirtin Hanni Höpfner, ein Stralsunder Original, hat das geändert und heißt jeden in der „Fähre" willkommen. Dass auch Angela Merkel zu Hannis Gästen zählt, überrascht nicht, denn hier ist sie in ihrem Wahlkreis, also quasi zu Hause, wie sie versichert.

STÖRTEBEKER BRAUMANUFAKTUR STRALSUND

Von der Plörre zum Craftbier

Deutschlandweit sinkt seit einigen Jahren der Bierabsatz, doch die Stralsunder Braumanufaktur trotzt dem Negativtrend. Ihr Erfolgsrezept: Klasse statt Masse. Denn nur die Massenbiere verlieren an Beliebtheit.

Bierverkostung im Störtebeker Braugasthaus

Schon zu Zeiten der Hanse hat man in Stralsund ein vorzügliches Bier gebraut, das bis nach Dänemark, Norwegen und England verschifft wurde. 1827 wurde die Stralsunder Vereinsbrauerei gegründet, die dank der guten Qualität sogar zum Hoflieferanten der kaiserlichen Ostseebäder aufstieg. Wegen der wachsenden Nachfrage zog die Brauerei auf das Gelände an der Greifswalder Chaussee, in einen 1899 errichteten Neubau, und braute dort mit modernster Technik. Das Gebäude steht noch, es wird heute für Bankette, Ausstellungen, Tagungen und Feiern genutzt. Das Bier wird in den modernen Stahltanks nebenan gebraut, verpackt und versandfertig gemacht. Bei einer Brauereiführung kann man einen Blick auf die Produktion werfen, vom eigentlichen Brauvorgang sieht man allerdings recht wenig. Anschaulicher ist da schon die Abfüll- und Etikettiermaschine, die mit unglaublicher Geschwindigkeit arbeitet. Wer möchte, kann ich auch die unterschiedlichen Hopfen- und Malzsorten anschauen, aus denen man unzählige Biervarianten brauen kann.

Ein kompletter Neuanfang

Im Zweiten Weltkrieg blieb die Stralsunder Vereinsbrauerei von Zerstörungen verschont, doch in der DDR-Zeit ging es mit dem nun volkeigenen Betrieb bergab; wegen veralteter Technik, falscher Wasseraufbereitung und schlechten Rohstoffen produzierte man nur noch „Plörre". Als die Unternehmensgruppe Nordmann aus Wildeshausen die Stralsunder Brauerei von der Treuhand kaufte, war die Marke ruiniert, die Stralsunder hatten einfach keine Lust mehr auf ihr Traditionsbier. 2011 erfolgte dann die Umbenennung in Störtebeker Braumanufaktur. Vier Sorten der Lokalmarke „Stralsunder" werden weiterhin produziert, doch der Premiummarke „Störtebeker" mit mittlerweile vierzehn verschiedenen Bieren, die überwiegend aus regionalen Zutaten gebraut werden, gehört wohl die Zukunft. Die Störtebeker-Biere profitieren vom Trend zu Produkten aus der Region und sogenannten Craft-Bieren. Mit rund 140 000 Hektolitern Störtebeker-Bier zählt die Brauerei immer

Oben: Drei von vierzehn verschiedenen Störtebeker Brauspezialitäten

Links: Täglich finden in der Braumanufaktur Führungen von rund anderthalb Stunden Dauer statt.

noch zu den kleinen in Deutschland, soll in Zukunft aber weiter wachsen. Das Potenzial scheint sie zu haben, denn die Biere aus Stralsund wurden national wie international schon mehrfach prämiert, und Braumeister Frank Lucas belegte 2015 bei der Weltmeisterschaft der Biersommeliers in Brasilien den zweiten Platz. Wie schon zu Hansezeiten hat sich der gute Ruf des Stralsunder Bieres mittlerweile herumgesprochen. So betreibt Störtebeker die Gastronomie in der neuen Hamburger Elbphilharmonie und präsentiert hier die Brauspezialitäten zusammen mit moderner nordischer Küche.

Bierherstellung erleben

Brauereiführung
Ganzjährig tgl. 14.00, April–Juni zusätzlich 11.00, Juli–Okt. zusätzlich 17.00 Uhr

Brauereimarkt
Juli–Sept. Mo.–Fr. 9.00–20.00, sonst bis 19.00, Sa. bis 18.00 Uhr; außerdem Genussverkostungen, Menüs mit Bierbegleitung und Biersommelier-Abende im Braugasthaus

Störtebeker Braumanufaktur
Greifswalder Chaussee 84–85, 18439 Hansestadt Stralsund, Tel. 03831 25 50, www.stoertebeker.com

Strela-
sund
Stadtteil Altstadt (zu Stralsund)
Stadtteil Franken (zu Stralsund)
Dänholm
Kleiner Dänholm
Kniepervorstadt
1=Hans-Georg-von-Arnim-Straße
2=Von-Petersson-Str.
3=Von-Löwen-Straße
1=Hinter der Brunnenaue
2=Hagemeisterstraße
1=Turnerweg
2=Seilbahnweg
3=Kalkofenweg
4=Raffinerieweg
5=Speicherweg
6=Kalandshof
7=Am Zuckergraben
8=Altes Gaswerk
9=Schwarze-Kuppe
10=Schwarzer Weg
Franken-vorstadt
Franken-mitte
Hafeninsel
Nordhafen
Südhafen
Fischerei-hafen
Segler-hafen
Hafenrinne
Ziegel-graben
Moorteich
Knieper-teich
Franken-teich
Rügendamm
Ziegelgrabenbrücke
Altefähr
Grahlhof
Grahler fähre
Strandbad
Badestrand
Nordmole
Mittelmole
Ostmole
Weiße Flotte
Wassersportzentrum
Volkswerft Stralsund
Stralsund Rügendamm
Stralsund
Hanse-Center
Zentral-friedhof
Drigger Ort
Maßstab 1:20.000
0
400m
1
2
3
4
5
6
7
8
9
10
11
12
13
14
15
16

Backsteingotik in Perfektion

Im Mittelalter war Stralsund eine der reichsten Städte im ganzen Ostseeraum, die beeindruckende Architektur aus dieser Zeit ist im Altstadtkern bis heute erhalten. Nach der Wende hat sich die Hansestadt mächtig herausgeputzt und wurde 2002 mit der Aufnahme ins UNESCO-Welterbe belohnt.

Stralsund

Die Kreisstadt (58 000 Einw.) wird auch als Tor zur Insel Rügen bezeichnet, mit der Stralsund durch den Rügendamm sowie die 2007 eröffnete Hochbrücke über den Strelasund verbunden ist. Ausgehend von der heutigen Altstadt wurden nach Aufhebung des Festungscharakters 1869 die umliegenden Gebiete besiedelt. In der Altstadt gibt es heute mehr als 800 denkmalgeschützte Häuser, die meisten davon wurden seit der Wende saniert.

Stralsund: Backstein-Speicherhäuser am Hafen; neue Rügenbrücke über den Strelasund

SEHENSWERT

Die 1 **St.-Marien-Kirche** TOPZIEL am Neuen Markt, die größte der drei Pfarrkirchen, gilt als Meisterwerk der Spätgotik. 366 Stufen führen zur Aussichtsplattform des Turmes, von dort bietet sich ein weiter Blick über die Altstadtinsel und die Vorpommersche Inselwelt. Im Innern sind die barocken Schauwände der Grabkapellen sowie der Marienkrönungsaltar sehenswert. Die Orgel aus dem 17. Jh. wird für Konzerte genutzt (Nov.–Aug. tgl. 10.00–12.00, 14.00–16.00, Sa./So. nur vorm., Sept./Okt. tgl. 10.00–17.00 Uhr). Von den ehemals zehn Stadttoren sind nur zwei erhalten. Das 3 **Kütertor** wurde bis 1862 als Gefängnis, danach als Wohnhaus genutzt; in dem Gebäude neben dem Tor war bis 1931 die Stralsunder Spielkartenfabrik untergebracht. Auch das 4 **Kniepertor** diente der Befestigung der Stadt zur Landseite, hier sind noch Reste der einst mehr als 3 km langen Stadtmauer zu sehen. Das gotische 5 **Johannisklоster,** 1254 von Franziskanern an der Stadtmauer gegründet, ist seit dem Zweiten Weltkrieg eine Ruine, in deren Mitte 1988 anlässlich des 50. Todestags des Bildhauers Ernst Barlach eine Nachbildung seiner Pietà enthüllt wurde. Der 6 **Alte Markt** bildet die Keimzelle der Stadt. Wahrzeichen Stralsunds ist das 7 **Rathaus,** ein Meisterwerk der niederdeutschen Backsteingotik mit beeindruckender Schaufassade von 1340; bis heute hat der Bürgermeister hier seinen Amtssitz. Im Rathausdurchgang gibt es kleine Läden und eine Büste des schwedischen Königs Gustav II. Adolf. Auch das 8 **Wulflamhaus,** um 1350 vom damaligen Ratsherrn und späteren Bürgermeister Bertram Wulflam erbaut, besitzt eine reich verzierte Fassade mit Staffelgiebel. Ebenfalls am Alten Markt erhebt sich die 9 **St.-Nikolai-Kirche,** benannt nach dem Schutzpatron der Seefahrer. Die älteste Pfarrkirche der Stadt, 1276 erstmals erwähnt, gilt als eines der schönsten mittelalterlichen Bauwerke. Der Innenraum mit der Monumentalskulptur Anna Selbdritt, der astronomischen Uhr (1394), dem gotischen Hochaltar (1480) sowie der Orgel (1841) ist kostbar ausgeschmückt (April–Okt. Mo.–Sa. 10.00 bis 18.00, So. 12.00–16.00, sonst Mo.–Sa. 10.00 bis 16.00, So. ab 13.00 Uhr). Die 11 **St.-Jakobi-Kirche**, Anfang des14. Jh. errichtet, wurde durch Belagerungen und Kriege stark beschädigt; auch von der urspr. Innenausstattung ist wenig erhalten geblieben. St. Jakobi wird heute vorwiegend als Kultur- und Veranstaltungskirche genutzt (Mo.–Fr. 11.00–15.00 Uhr). Die

Das Ensemble des Johannisklosters umfasst Gebäude verschiedener Epochen. Der älteste Teil ist eine Ruine. Das Fachwerkhaus stammt aus dem 18. Jahrhundert.

⑫ **Gorch Fock I.** lief als erstes von sechs baugleichen Segelschulschiffen 1933 bei der Hamburger Werft Blohm+Voss vom Stapel. Nach 60 Jahren unter UdSSR- und ukrainischer Flagge liegt das Schiff jetzt im Hafen von Stralsund und wird vom Verein Tall-Ship Friends instand gehalten (http://gorchfock1.de; April bis Okt. tgl. 10.00–18.00, sonst bis 16.00 Uhr). Im denkmalgeschützten Backsteinbau des ⑭ **Lotsenhauses** befindet sich der Sitz des Hafen- und Seemannsamts, von hier genießt man den besten Blick über den Strelasund. Im ⑮ **Heilgeistkloster** wurden früher Alte und Kranke gepflegt. Der Name führt in die Irre: Ein Kloster gab es hier nie, das Spital war stets eine städtische Einrichtung. Anfang des 14. Jh. wurde der Komplex vor die damalige Stadtmauer verlegt. Ältester Teil des Ensembles ist die Heilgeistkirche, zwischen zwei Lagerhäusern verläuft der sehenswerte Kirchgang. Die kleinen Fachwerkhäuser aus dem 18./19. Jh. sind heute beliebte Wohnungen.

MUSEEN

Das Mitte des 13. Jh. von Dominikanermönchen gegründete ② **Katharinenkloster** bildet eine der größten und besterhaltenen Klosteranlagen im Ostseeraum. Heute wird der gesamte Komplex von Museen genutzt. Der Goldschmuck von Hiddensee (10. Jh.) sowie die Armringe von Peenemünde (11. Jh.) sind die wichtigsten Ausstellungsstücke des **Stralsund Museums**

Tipp

Kraniche beobachten

Bei einem Besuch im Kranich-Informationszentrum in Groß Mohrdorf (15 km nordwestl. von Stralsund) erfährt man alles über die „Vögel des Glücks“. 2015 wurde am Günzer See (18 km nordwestl. von Stralsund) die Kranichbeobachtungsstation Kranorama eröffnet, von der man einen Blick auf die Günzer Seewiesen hat, wo die Kraniche gern rasten. Außerdem gibt es eine Live-Übertragung von den Wiesen auf einen großen Bildschirm.

Kranich-Informationszentrum, Lindenstr. 27, 18445 Groß Mohrdorf, Tel. 038323 8 05 40, www.kraniche.de

Segelschulschiff Gorch Fock; Humboldt-Pinguine auf der Dachterrasse des Ozeaneums; Aquarium „Offener Atlantik“ im Ozeaneum

(Mönchstr. 25–28, http://museum.stralsund.de; Di.–So. 10.00–17.00 Uhr). Seit 1951 beherbergt die Klosterkirche das **Deutsche Meeresmuseum** TOPZIEL mit tropischen Aquarien und einem Walskelett im Chor der Kirche (Katharinenberg 14–20, www.meeresmuseum.de; Juni–Okt. tgl. 10.00–17.00 Uhr, sonst nur Di. bis So.). Im barocken Olthofschen Palais neben der Touristeninformation präsentiert die ⑩ **Welterbe-Ausstellung** deutsche und internationale Welterbestätten (Ossenreyerstr. 1, www.wismar-stralsund.de; tgl. 10.00–17.00 Uhr). Auf der Hafeninsel befindet sich seit 2008 das ⑬ **Ozeaneum,** der neueste Standort des Deutschen Meeresmuseums. Ebenso spektakulär wie die moderne Architektur sind die fünf thematisch gegliederten Ausstellungen zu den Kaltwassermeeren Ostsee, Nordsee und Atlantik. Höhepunkte sind das 2,6 Mio. Liter fassende Schwarmfischbecken, das Tunnelaquarium sowie die Ausstellung „Riesen der Meere“ (Hafenstr. 11, www.ozeaneum.de; Juni–Sept. tgl. 9.30–20.00, sonst bis 18.00 Uhr). Im ⑯ **Nautineum** auf der Insel Dänholm im Strelasund erfährt man viel über Fischerei und Meeresforschung (Zum Kleinen Dänholm, www.nautineum.de; Mai–Okt. tgl. 10.00–16.00 Uhr).

AKTIVITÄTEN

Während der Sommersaison bietet die Touriszentrale verschiedene **Stadtführungen** an, die alle am Alten Markt beginnen und 1,5 bis 3 Std. dauern; die Altstadtführung startet täglich um 11.00 und 14.00 Uhr. Wenn sich die Dunkelheit über die Stadt senkt, kann man mit dem Nachtwächter auf Tour gehen (s. S. 115). Der kulinarische Stadtrundgang steht unter dem Motto „Von der Hanse in den Mund“ (Mo. 16.00 Uhr).

AUSGEHEN

In der ältesten Hafenkneipe der Stadt **Zur Fähre** gibt es frisch gezapftes Bier und einen exklusiven Kümmelschnaps, das Fährwasser; dazu gelegentlich Livemusik (Fährstr. 17, Tel. 03831 2 97 196, www.zurfaehre-kneipe.de).

VERANSTALTUNGEN

Die 2315 m lange Strecke beim **Sundschwimmen,** Deutschlands bedeutendstem Langstreckenschwimmen, führt über den Strelasund (www.sundschwimmen.de; Anf. Juli). Beim **Hafenfestival** lädt das Theater Vorpommern zu Open-Air-Inszenierungen ein (www.theater-vorpommern.de; Juli). Die **Wallensteintage** erinnern an den erfolgreichen Widerstand der Stralsunder gegen die Belagerung 1628 (www.wallensteintage.de; Ende Juli). Das maritime Highlight mit vielen Traditionsseglern bildet der **Seglarträff** (www.seglartraeff.de; Anf. Aug.). Bei der **Langen Nacht des offenen Denkmals** kann man einen Blick in sonst verschlossene Gewölbe und Gemäuer werfen (www.lange-nacht-stralsund.de; Anf. Sept.). Beim **Rügenbrückenmarathon** wird die Brücke über den Strelasund überquert (www.ruegenmarathon.de; Ende Okt.). Rund um das Rathaus und im Gewölbekeller findet der **Weihnachtsmarkt** statt (www.weihnachtsmarkt-stralsund.de; ab Ende Nov.).

UNTERKUNFT

Das €€€ **Hotel Scheelehof** besteht aus fünf Altstadtgebäuden aus verschiedenen Jahrhunderten mit einem zentralen begrünten Innenhof; in den individuell gestalteten Zimmern wurde moderner Komfort mit rustikalen Deckenbalken und offenen Mauern kombiniert (Fährstr. 23–25, Tel. 03831 28 33 00, www.scheelehof.de). Im ältesten Speicher der Stadt befindet sich das

€/€€ Hotel Hafenspeicher. Bei der Sanierung wurde Wert darauf gelegt, das Ziegelmauerwerk und die Ständerkonstruktion zu erhalten. Alle Zimmer haben Blick zum Wasser; vom verglasten Dachaufbau genießt man einen Rundumblick auf Hafen und Stadt (Am Querkanal 3 a, Tel. 03831 70 36 74, www.hafenspeicher.com). In einem über hundert Jahre alten Gebäude mit Jugendstilarchitektur befindet sich das **€/€€ Hotel Stralsund;** die 59 Zimmer sind hell und modern eingerichtet (Tribseer Damm 4, Tel. 03831 28 21 00, www.hotel-stralsund.de).

RESTAURANTS

Beim Stralsunder Meeresmuseum lädt der **€€ Hansekeller** zum Mahl im mittelalterlichen Milieu eines rustikalen Gewölbes aus dem 16. Jh.; auf der Karte stehen neben Dorsch, Zander, Lachs oder Hering auch Schnitzel (Mönchstr. 48, Tel. 03831 70 38 40, http://hansekeller-stralsund.de). Im Scheelehof (s. o.) gibt es zwei verschiedene Möglichkeiten, seinen Hunger zu stillen: **Zum Scheele** bietet hanseatische Spezialitäten, unter der Woche Mittagstisch, hausgerösteten Kaffee mit hausgebackenem Kuchen, eine Galerie und einen idyllischen historischen Innenhof; in **Scheel's Labor** im Kellergewölbe werden abends wichtige Sportereignisse live übertragen, dazu gibt's eine große Getränkeauswahl und eine kleine Speisekarte. In einem der schönsten Häuser am Alten Markt befinden sich die **€€ Wulflamstuben;** drinnen geht es rustikal-mittelalterlich zu, serviert werden Fisch und Fleisch (Alter Markt 5, Tel. 03831 29 15 33, www.wulflamstuben.de).

EINKAUFEN

Die **Haupteinkaufsmeilen** Ossenreyerstraße, Mühlenstraße und Apollonienmarkt sind Fußgängerzone. Die **Stralsunder Marzipan Manufaktur** bietet ihre handgefertigten Köstlichkeiten in Bahnhofsnähe im „Hotel am Jungfernstieg" an, nach Anm. auch Marzipanverkostungen (Jungfernstieg 1 b, www.stralsunder-marzipan.de). Jeden Di. und Fr. gibt es auf dem Neuen Markt einen **Wochenmarkt,** hauptsächlich mit Produkten aus der Region. In der **Galerie Jantar** werden Kunst und Kunsthandwerk aus der Region angeboten: Bernstein, Keramik, Glas, Papier (Katharinenberg 13 a, Tel. 03831 27 82 60).

UMGEBUNG

Mit den Schiffen der Weißen Flotte kann man von April bis Okt. in 15 Min. über den Strelasund nach **Altefähr** auf Rügen übersetzen oder auch eine Hafenrundfahrt unternehmen; die Reederei Hiddensee unterhält im Sommer mehrmals tgl. eine Schiffsverbindung nach **Hiddensee** (Tel. 03831 2 68 10, www.weisse-flotte.de).

INFORMATION

Tourismuszentrale der Hansestadt Stralsund,
Alter Markt 9, 18439 Stralsund,
Tel. 03831 2 46 90,
www.stralsundtourismus.de

Genießen Erleben Erfahren

DuMont Aktiv

Stralsunds dunkle Seiten

Tagsüber bevölkern Touristen und Einheimische die Straßen und Gassen der Stadt, doch wenn sich die Dämmerung über Stralsund legt, wird es ruhiger. Das ist die richtige Zeit für einen Rundgang mit dem Nachtwächter, der die architektonischen Highlights erklärt, aber auch Geschichten von Henkern und Huren im Mittelalter zum Besten gibt.

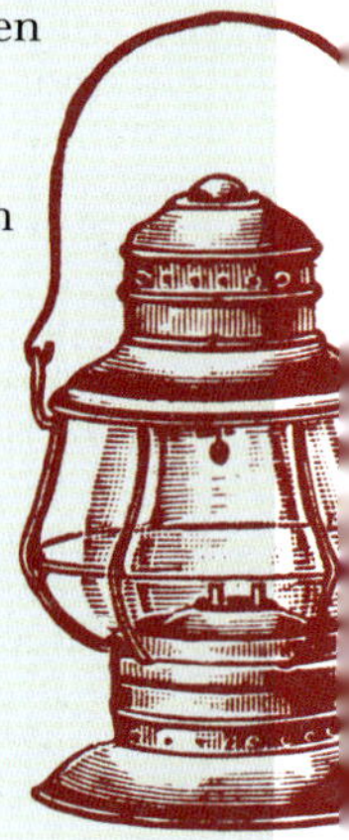

Am Alten Markt beginnt der Spaziergang. Im Dunkeln wirken die illuminierten Ziergiebel des Rathauses und des Wulflamhauses noch plastischer als am Tag. Im Mittelalter mussten die Ratsherren nicht nur die Stadt regieren, sie mussten auch einen Henker einstellen. Der durfte kein Stralsunder sein, wurde für seine Tätigkeit aber fürstlich entlohnt. Für eine Hinrichtung – mit Beil oder Schwert – bekam er fast den doppelten Jahreslohn eines Hafenarbeiters. Dafür musste er allein leben, niemand wollte etwas mit ihm zu tun haben. Nur zur Weihnachtszeit durfte er sich für ein paar Tage mit einer der Huren vergnügen.

Beim Gang durch die dunklen Gassen erzählt der Nachtwächter, wie dreckig die Stadt im Mittelalter war. Abfälle und Fäkalien wurden einfach auf die Straße gekippt. Besonders schmutzige Gassen hießen früher „Arschkerbe", so auch die kleine Straße zwischen Papenstraße und Frankenstraße. Da niemand in einer „Arschkerbe" wohnen wollte, wurde der Name Anfang des 17. Jh. in Karrenstraße geändert. Heute erinnert eine kleine Figur am Eckgebäude der Frankenstraße an die Zeit vor der Umbenennung: Sie zeigt dem Vorbeigehenden den nackten Hintern.

Auf dem Stadtplan findet man die „Unnütze Straße", die Langenstraße und Frankenstraße miteinander verbindet, doch ein Straßenschild sucht man vergeblich. Souvenirjäger haben es immer wieder abgeschraubt, deshalb wurde es irgendwann nicht mehr ersetzt. Hier sollen im Mittelalter die Huren ihrem Gewerbe nachgegangen sein.

Rundgang mit dem Nachtwächter – oder seiner Frau

Termine: April–Sept. Di. und Fr. 21.00, Okt.–März 17.00 Uhr
Dauer: ca. 2 Std.
Kosten: 10 €/Pers.; Schüler und Studenten 8 €
Treffpunkt: am Alten Markt
Veranstalter: Tourismuszentrale
Buchtipp: Andreas Neumerkel/Jörg Matuschat: „Von der Arschkerbe bis Zipollenhagen – Stralsunder Straßen und ihre Geschichte", Druck- und Verlagshaus Kruse, Stralsund

Kajak ↓ Altefähr
Wask + Wind Kajak
038 30675121

Putbus
Im Jaich
03830 18090

Hafen von Gager auf Mönchgut; Fischkutter in Sassnitz; Fischer Thomas Koldevitz in Gager

Service

Keine Reise ohne Planung. Hier haben wir wichtige Informationen für Ihren Urlaub auf Rügen, Usedom oder Hiddensee für Sie zusammengefasst.

Anreise

Mit dem Auto: Von der Hansestadt Stralsund kann man über die dreispurige Rügenbrücke fahren oder über den 1936 fertiggestellten Rügendamm, den auch Radfahrer und Züge nutzen. Die Rügenbrücke ist durchgehend befahrbar; auf der Strecke über den Damm wird die Ziegelgrabenbrücke mehrmals am Tag für 20 Min. für den Schiffsverkehr hochgeklappt (2.20, 5.20, 8.20, 12.20, 15.20, 17.20, 21.30 Uhr). Zur Haupturlaubszeit und an langen Wochenenden sind beide Strelasundquerungen stark frequentiert. Die Staus setzen sich auch im weiteren Verlauf der B 96 in Richtung Bergen und Seebäder fort, obwohl die Straße teilweise dreispurig ausgebaut wurde. Eine Alternative bietet die Autofähre südöstlich von Stralsund, von Stahlbrode nach Glewitz (Tel. 03831 2 68 10, www.weisse-flotte.de; April, Sept., Okt. tgl. 6.00–20.00, Mai bis Aug. bis 21.30 Uhr).
Den Norden Usedoms erreicht man über die B 111 und Wolgast, den Süden über die B 110 und Anklam. Auch diese beiden Brücken werden mehrmals am Tag hochgeklappt (Peenebrücke Wolgast: 5.45, 7.45, 12.45, 16.45, 20.45 Uhr; Peenestrombrücke Zecherin: 5.45, 9.40, 11.45, 16.45, 20.45 Uhr).
Mit dem Zug: Die Bahn bietet ICE/IC-Verbindungen nach Stralsund und Rügen an. In der Hauptsaison fahren einige Züge direkt nach Bergen und Binz. Der Hanse-Express verkehrt zwischen Hamburg, Rostock und Sassnitz bzw. Binz (www.bahn.de).
Von Stralsund fährt die Usedomer Bäderbahn in alle Seebäder, einschließlich Swinemünde (Tel. 038378 2 71 34, www.ubb-online.com).
Mit dem Flugzeug: Der nächste regelmäßig angeflogene Flughafen ist Rostock-Laage, von hier verkehrt ein Shuttle-Bus nach Rügen.
Der Flugplatz Heringsdorf auf Usedom wird im Sommer im Linienverkehr angeflogen).
Mit dem Bus: Flixbus/Meinfernbus fährt nach Bergen, Binz, Sellin, Baabe und Göhren, auf Usedom nach Usedom-Stadt, Bansin, Heringsdorf und Ahlbeck (https://meinfernbus.de).
Mit dem Schiff: Im Sommer können Fußgänger und Radfahrer mehrmals tgl. von Stralsund nach Altefähr übersetzen. Die Reederei Hiddensee bedient die Strecke Stralsund–Hiddensee sowie ganzjährig Schaprode–Hiddensee (Tel. 03831 2 68 10, www.weisse-flotte.de). Von Breege fährt Reederei Kipp (Tel. 038391 1 23 06, www.reederei-kipp.de), von Zingst Reederei Poschke (Tel. 038234 2 39, www.reederei-poschke.de).
Vor Ort: Die Busse des Rügener Personennahverkehrs unterhalten ein dichtes Routennetz (Tel. 03838 20 29 55, www.rpnv.de). Die kombinierten Bus-Schiff-Tickets lohnen für Ausflüge nach Hiddensee. Die von Dampfloks gezogene Schmalspurbahn „Rasender Roland" verkehrt mehrmals tgl. zwischen Putbus und Göhren, einige Züge starten schon in Lauterbach; die Fahrt dauert gut 1 Std. (Tel. 038301 88 40 12, www.ruegensche-baederbahn.de). Die Jagdschlossexpress und Ausflugsfahrten GmbH bietet eine Reihe von Transportmöglichkeiten; von der Binzer Seebrücke und vom Parkplatz Binz-Ost kann man zum Jagdschloss Granitz fahren. Der Prora-Express startet ebenfalls in Binz, fährt rund 4,5 km am Gebäuderiegel entlang und weiter zum Naturerbezentrum sowie zum Baumwipfelpfad. Zur Naturbühne Ralswiek wird vor und nach der Vorstellung ein Shuttleverkehr angeboten. In Binz verkehrt eine Bäderbahn ganzjährig, in Sellin und Baabe von Ostern bis Okt. Mit Kurkarte kann man die Bäderbahnen kostenfrei nutzen (Tel. 038393 3 38 80, www.jagdschlossexpress.de).
Fahrräder sind auf Rügen eines der wichtigsten, auf Hiddensee das einzige Fortbewegungsmittel. Jeder Ort besitzt mindestens einen Fahrradverleih; auch in Hotels, Pensionen und Ferienwohnungen gehören Fahrräder oft zum Angebot. Auf Usedom kommt man ebenfalls gut mit dem (Leih-)Fahrrad vorwärts.

Auskunft

In jedem touristisch relevanten Ort gibt es eine Information, meist im Haus des Gastes.
Tourismuszentrale Rügen: Markt 23, 28528 Bergen, Tel. 03838 80 77 80, www.ruegen.de
Insel Information Hiddensee: Achtern Diek 18 a, 18565 Vitte, Tel. 038300 60 86 85, www.seebad-hiddensee.de
Usedom Tourismus GmbH: Waldstr. 1, 17429 Bansin, Tel. 038378 47 11 10, www.usedom.de
Tourismuszentrale der Hansestadt Stralsund: Alter Markt 9, 18439 Stralsund, Tel. 03831 2 46 90, www.stralsundtourismus.de

Camping

Rund zwei Dutzend Campingplätze mit unterschiedlicher Ausstattung gibt es auf Rügen; hier eine Auswahl:
Campingplatz Drewoldke, Zittkower Weg 27, 18556 Altenkirchen, Tel. 038391 1 29 65, www.

Wer gern Fisch mag, ist an der Ostsee richtig. Vielfalt und Frische sind Trumpf – so wie hier im Bootshaus Binz.

camping-auf-ruegen.de. Direkt hinter den Dünen gelegen; April–Okt.
Campingplatz Thiessow, Hauptstr. 4, 18586 Thiessow, Tel. 038308 66 95 85, www.camping platz-thiessow.de. Auf einem schmalen Küstenstreifen zwischen Greifswalder Bodden und Ostsee; April–Okt.
Naturferiendorf Rügen & Spa, Moritzhagen 1 a, 18569 Neuenkirchen, Tel. 0163 2 60 23 14, www.naturferiendorf-ruegen.de. Naturnaher Platz mit Blick auf Hiddensee und Kap Arkona.
Ostseecamp Suhrendorf, Suhrendorf 4, 18569 Ummanz, Tel. 038305 8 22 34, www.ostseecamp-suhrendorf.de. Direkt am Strand, auch Wohnwagenvermietung; Mitte April–Okt.
Campingplatz Banzelvitzer Berge, Groß Banzelvitz, 18528 Rappin, Tel. 03838 3 12 48, http://ferienhaus-ruegen-ostsee.net. Am Hochufer des Großen Jasmunder Boddens, auch Wohnwagen-, Zelt- und Schlaffassvermietung; April–Okt.

Essen und Trinken

Gegessen wird natürlich Fisch! Ob geräuchert, gebraten, frittiert oder gedünstet – Hering, Dorsch, Aal, Zander und Scholle findet man auf fast jeder Speisekarte. Heringszeit ist im Frühjahr, im Mai gibt es den Hornfisch als seltene Spezialität. Das gastronomische Angebot reicht von den Sternelokalen „Freustil" in Binz und „Tom Wickboldt" in Heringsdorf bis zum Fischbrötchen auf die Hand. Vielerorts kommt der Fisch direkt aus dem Rauch, frischer und leckerer geht es nicht.
Abwechslung findet man, besonders im Herbst, beim Wild aus den Wäldern oder bei der internationalen Küche, die überall etabliert ist.
Ab 11.30 Uhr kann man nach einem günstigen Mittagstisch Ausschau halten, abends isst man zwischen 18.00 und 21.00 Uhr. Auch wenn das Angebot an Restaurants in den Seebädern groß ist, sollte man in der Hauptsaison besser reservieren.
Sanddorn wächst an der gesamten Ostseeküste, auch auf Rügen und Usedom. Wegen ihres hohen Vitamin-C-Gehalts nennt man die kleinen orangefarbenen Früchte, die im Herbst geerntet werden, auch „Zitronen des Nordens". Aus Sanddorn werden vor allem Marmelade, Saft und Likör hergestellt – und als beliebte Souvenirs verkauft.

Feste und Events

Februar: Am Samstag vor dem Valentinstag steigen Abgehärtete beim Winterbadespektakel in Ahlbeck kostümiert in die eiskalte Ostsee.
März/April: Einige Seebäder (Baabe, Binz, Göhren, Sellin) entzünden Osterfeuer. Am letzten Tag im April wird in Binz, Göhren und Sellin der Maibaum aufgestellt.
Mai: Am 1. Mai findet in Binz das Anbaden statt. In Altefähr wird am 1. Mai, in Göhren am ersten Maiwochenende das Herings- und Hornfischfest gefeiert. Beim Usedom Baltic Fashion Event zeigen junge Designer ihre Kreationen.
Juni: Im Rahmen der Festspiele Mecklenburg-Vorpommern finden auch auf Rügen Konzerte statt. Bei den Vineta-Festspielen geht es von Juni bis Aug. auf der Freilichtbühne Zinnowitz um die sagenhafte Stadt Vineta. Von Ende Juni bis Anf. Sept. finden auf der Freilichtbühne von Ralswiek die Störtebeker-Festspiele statt.
Juli: Beim Seebrückenfest in Sellin gibt es Konzerte, Tanzpartys und Feuerwerk. Vielerorts werden Hafen- und Sommerfeste veranstaltet, so in Binz, Glowe, Lohme, und Thiessow.
August: Anf. Aug. feiert Göhren, Mitte Aug. Binz ein Seebrückenfest. Der Kultursommer am Kap Arkona bietet einen Monat lang Konzerte und Theater. Zu den Heringsdorfer Kaisertagen gehört u. a. ein Kunsthandwerkermarkt.
September: Die lange Nacht des offenen Denkmals in Stralsund gewährt ungewöhnliche Einblicke. Der Usedom-Marathon führt von Swinemünde nach Wolgast.
Oktober: Die Tour d'Allee ist ein Jedermann-radrennen mit unterschiedlichen Streckenlängen; Start und Ziel ist in Binz.
Dezember: Weihnachtsmärkte gibt es u. a. in Binz, Bergen, Göhren, Sellin und Stralsund.

Kinder

Bei schönem Wetter zieht es Familien natürlich an die Strände, aber auch bei „Schietwetter"

Info

Daten & Fakten

Geografie und Natur: Die Gletscher der letzten Eiszeit haben die hügelige Landschaft Rügens, die Seen sowie den buchten- und lagunenreichen Küstenverlauf geformt. Vor West-Rügen liegen die Inseln Hiddensee, Ummanz, Liebitz, Heuwiese, Öhe, Liebes, Urkevitz und Beuchel, vor Südost-Rügen Vilm und vor Süd-Rügen Tollow. Deutschlands größte Insel (926 km²) besitzt eine Nord-Süd-Ausdehnung von gut 50 km, von Westen nach Osten sind es gut 40 km. Kein Ort liegt mehr als sieben Kilometer vom Wasser entfernt. Von den 574 km Küstenlänge laden 56 km Sandstrände zum Baden ein. Die höchste Erhebung bildet der Piekberg (161 m) in der Stubnitz. Der kleinste deutsche Nationalpark liegt auf der Halbinsel Jasmund; ein mit Buchenurwäldern bewachsenes Teilstück gehört seit 2011 zum UNESCO-Weltnaturerbe. Weitere Schutzgebiete sind der Nationalpark Vorpommersche Boddenlandschaft sowie das Biosphärenreservat Südost-Rügen.
Bevölkerung und Verwaltung: Mit rund 77 000 Einwohnern ist Rügen die bevölkerungsreichste deutsche Insel. Sie gehört zum Landkreis Vorpommern-Rügen und gliedert sich in 38 Gemeinden. Über die Hälfte der Gemeinden sind Fremdenverkehrsorte, darunter sieben staatlich anerkannte Seebäder und zehn Erholungsorte. Wichtige Ansiedlungen sind der Hauptort Bergen, die Hafenstadt Sassnitz, die ehemalige Fürstenresidenz Putbus, die älteste Stadt der Insel Garz sowie die Ostseebäder Binz, Sellin, Göhren, Baabe, Thiessow, Lauterbach und Breege.
Wirtschaft: Vor allem in den Küstenorten und Seebädern bildet der Tourismus inzwischen den wichtigsten Wirtschaftszweig. Rund ein Viertel der Übernachtungen in Mecklenburg-Vorpommern gehen auf das Konto Rügens. Die meisten der gut sechs Millionen Übernachtungen verzeichnet die Insel zwischen Juni und August, aber auch April, Mai, September und Oktober sind beliebte Reisemonate.
Landwirtschaft, Fischerei und der Schiffbau in Stralsund – zu DDR-Zeiten noch die wichtigsten Wirtschaftszweige – sind stark zurückgegangen. Die Kreide, das weiße Gold von Rügen, spielt nach wie vor eine wichtige Rolle, für den Tourismus und den Export. Etwa 70 % der Wellnessangebote nutzen Heilkreide, und auch für die Herstellung von Farben, Lacken, Fliesen, Dünger und zur Rauchgasentschwefelung werden große Mengen Kreide benötigt.
Einen wirtschaftlichen Aufschwung könnte der Bau des Windparks 35 km nordöstlich von Rügen bringen, denn für Bau und Betrieb spielt der Hafen von Sassnitz eine wichtige Rolle.

Kap Arkona (oben); Wallensteinfest Stralsund (unten); Historische Handwerkerstuben Gingst (rechts)

muss sich niemand langweilen. Wie wäre es mit einem Ausflug nach Stralsund ins Ozeaneum? In Prora gibt es das interaktive Museum Experimenta (www.experimenta-ruegen.de), in Sellin das Erlebnisbad AHOI! (www.ahoi-ruegen.com), in Glowe das Dinosaurierland (www.dinosaurierland-ruegen.de). Auch für eine Fahrt mit dem Rasenden Roland muss nicht unbedingt die Sonne scheinen. Birgit Schuster spielt mit ihrem Figurentheater ganzjährig an verschiedenen Orten Rügens (www.schnuppe-figurentheater.de). Der Waldseilpark in Altefähr liegt direkt am Meer und bietet neben der längsten Seilbahn Rügens Klettermöglichkeiten diverser Schwierigkeitsgrade (www.waldseilpark-ruegen.de). Ein weiteres Kletterparadies gibt es in Prora (www.seilgarten-prora.de).

Kreideküste

Rügens Kreideküste mit dem Königsstuhl als Höhepunkt bietet grandiose Naturerlebnisse, ist aber auch gefährlich. Im Sommer wandern tagtäglich Hunderte Menschen über den Hochuferweg. Nationalparkranger patrouillieren dort regelmäßig, um unvernünftige Wanderer davon zu überzeugen, dass das Überklettern der Absperrungen lebensgefährlich ist.

Info

Geschichte

8000–2500 v. Chr.: Artefakte wie bearbeitete Rentiergeweihe und Feuersteine sowie Keramikgefäße belegen, dass Rügen schon bald nach dem Abschmelzen der letzten Gletscher bewohnt war. In der Jungsteinzeit entstehen viele Großsteingräber, die sogenannte Trichterbecherkultur markiert den Übergang von nomadisch lebenden Stämmen zu sesshaften Bauern und Viehzüchtern.
1800–600 v. Chr.: In der Bronzezeit werden die Großsteingräber durch Hügelgräber mit kunstvoll verzierten Grabbeigaben abgelöst; ein markantes Beispiel ist der Dobberworth bei Sagard.
Ab 300 v. Chr.: Ostgermanische Rugier leben auf der Insel, auf sie geht der Name Rügen zurück. Zur Zeit der Völkerwanderung verlassen sie bis 600 n. Chr. die Insel und ziehen in Richtung Süden.
Ende des 6. Jh.: Die fast verlassene Insel wird von den Ranen besiedelt, einem kriegerischen Slawenstamm aus dem Osten. Auf dem Rugard und beim Kap Arkona entstehen Festungen und Kultstätten.
Um 1000: Rügen wird erstmals schriftlich erwähnt, von den Chronisten Tietmar von Merseburg und Adam von Bremen.
1168: Unter Waldemar I. erobern die Dänen die Insel, und die Christianisierung beginnt. Slawenfürst Jaromar I. wird Lehnsmann der Dänen; mit der Marienkirche in Bergen lässt er die erste Backsteinkirche errichten.
1325: Rügen und Hiddensee fallen an das Herzogtum von Pommern-Wolgast.
1365: Die pommerschen Herzöge vergeben Lehen an Adlige; fast ein Drittel von Rügen geht im Lauf der Zeit an die Herren von Putbus. Pommern und Rügen werden protestantisch, die Klöster von Bergen und Hiddensee werden säkularisiert.
1618–1648: Der Dreißigjährige Krieg richtet große Verwüstungen an und führt zu Hungersnöten. Die Insel wird abwechselnd von Wallenstein, Dänemark und Schweden besetzt. Im Westfälischen Frieden werden Rügen, Hiddensee und Westpommern schwedisch.
1806: Der schwedische König Gustav IV. hebt die Leibeigenschaft auf.
Ab 1808: Fürst Wilhelm Malte zu Putbus erbaut die nach ihm benannte Residenzstadt sowie das Jagdschloss Granitz und gründet mit Lauterbach den ersten Badeort.
1895: Eine Schmalspurbahn, heute als „Rasender Roland" bekannt, nimmt zwischen Putbus und Binz den Betrieb auf.
1912: Die Seebrücke von Binz wird bei einem Anlegemanöver zerstört.
1936: Der Rügendamm wird fertiggestellt; er verbindet die Insel mit dem Festland.
1945: Alliierte Luftangriffe zerstören den Hafen von Sassnitz; die Nationalsozialisten sprengen den Rügendamm. Nach Kriegsende werden Gutsbesitzer enteignet; Landwirtschaftliche Produktionsgenossenschaften entstehen.
1953: Bei der „Aktion Rose" werden die meisten Hotel- und Pensionsbesitzer enteignet.
Ab 1957: Rügen wird zum Ferienziel der DDR. Ab 1959 dürfen nur noch Mitglieder des Ministerrats auf die Insel Vilm. Auf der Freilichtbühne Ralswiek wird erstmals ein Stück über den Piraten Störtebeker aufgeführt
Ab 1991: Nach der Wiedervereinigung werden die Landwirtschaftlichen Produktionsgenossenschaften aufgelöst und massenhaft Restitutionsansprüche gestellt. Ab 1994 werden die Seebäder restauriert. 1995 verwüstet eine Sturmflut große Bereiche der Küste.
2005: Die Wissower Klinken an der Kreideküste stürzen ins Meer.
2007: Nach zehn Jahren Planungs- und Bauzeit wird mit der Rügenbrücke die zweite Strelasundquerung eröffnet und entlastet seither den Rügendamm.
2008: Das Ozeaneum in Stralsund wird eröffnet.
2011: Die Buchenwälder im Nationalpark Jasmund werden von der UNESCO in die Weltnaturerbeliste aufgenommen. Durch eine Gebietsreform entsteht der neue Landkreis Nordvorpommern-Rügen.
2016: Nach einem Hangrutsch beim Königsstuhl muss im Mai die beliebte Treppe hinunter zum Strand gesperrt werden; die Wiedereröffnung ist ungewiss. Die Binzer Strandpromenade wird um fast einen Kilometer bis zum Ortsteil Prora verlängert; der neue Teil der Promenade wird im Juli offiziell freigegeben.

Kurtaxe

Alle Seebäder erheben eine – unterschiedlich hohe – Kurtaxe. Auch für Hunde muss gezahlt werden. Kinder bis 14 bzw. 18 Jahre sind frei. Kurkarteninhaber erhalten oft Ermäßigungen in Museen und bei Veranstaltungen.

Lesetipps

Das Mordhaus am Wald: Der Ostseekrimi von Elke Pupke spielt auf Usedom, ebenso wie Tödliches Geheimnis auf Usedom, Die Toten von Bansin, Die Sturmnacht von Bansin und Seebrücke in Flammen.
Hafenmord: Katharina Peters lässt auf dem Gelände einer Sassnitzer Fischfabrik einen Mord geschehen. Wem's gefällt, der kann von derselben Autorin auch noch Dünenmord, Klippenmord, Bernsteinmord, Leuchtturmmord und Deichmord lesen.
Möwenfraß: In dem Ostseekrimi von Klara Holm lässt sich Kommissar Luka Kroczek aus Düsseldorf zur Kripo Bergen versetzen. Kroczek ermittelt auch in Krähennest und Rabenaas.
Jagd auf den Inselmörder: Lasse Larssons erster Fall ist derzeit vergriffen, doch mittlerweile sind weitere Usedom-Krimis von George Tenner erschienen: Der Drachen des Todes, Nacht über der Insel, Insel der tausend Puppen und Tod zwischen den Inseln.
Mord auf dem Dornbusch: Auch auf Hiddensee wird gemordet. Lena Johannson lässt die Stralsunder Kommissarin Conny Lorenz ermitteln. Auch in Große Fische wird die Leiche auf Hiddensee gefunden, die Spur führt aber nach Rügen.
Hiddensee – Geschichten von Land und Leuten: Der Titel des von Renate Seydel herausgegebenen Taschenbuchs sagt alles: Hier erzählen Hiddenseer die Geschichte ihrer Insel.
Maria Schweidler, die Bernsteinhexe: Wilhelm Meinhold, der ehemalige Pfarrer von Krummin auf Usedom, vermittelt in dem 1843 erstmals erschienenen Buch ein anschauliches Bild der Zeit des Dreißigjährigen Krieges.
Elizabeth auf Rügen: Die mit einem deutschen Grafen verheiratete britische Schriftstellerin Elizabeth von Arnim reiste Anfang des 20. Jahrhunderts einige Sommer nach Rügen und nutzte die Aufenthalte für einen fiktiven Roman.
Caspar David Friedrichs Rügen – Eine Spurensuche: Der in Brandenburg lebende Sachbuchautor Herrmann Zschoche hat mehrere Werke über C. D. Friedrich verfasst.
52 Gesichter: Zum 25. Jahrestag der Deutschen Einheit hat die Tourismuszentrale Rügen die Kampagne „25 Jahre – 52 Gesichter und 52 Geschichten" gestartet. Das Begleitbuch gibt es in der Touristeninformation in Bergen. Auch im Internet kann man die Geschichten nachlesen (www.ruegen.de/25jahre/52-geschichter-der-insel-ruegen.html).

Nationalparks

Die letzte DDR-Volkskammer hat 1990 fast die gesamte Ostseeküste zwischen dem Darß und der Westküste Rügens sowie das Gebiet um Jasmund als Nationalpark ausgewiesen. Der **Nationalpark Vorpommersche Boddenlandschaft** umfasst insgesamt 805 km², ein kleiner Teil schließt Gebiete der Inseln Hiddensee und Ummanz sowie die Halbinsel Bug auf Rügen ein. Der weitaus größere Teil sind Wasserflächen sowie die beiden Halbinseln Darß und Zingst (www.nationalpark-vorpommersche-boddenlandschaft.de)
Der **Nationalpark Jasmund** an der Ostseeküste zwischen Sassnitz und Lohme – mit 30 km² der kleinste Nationalpark Deutschlands – umfasst Rügens Kreidelandschaft mit dem Königsstuhl. Seit 2011 zählen die Rotbuchenwälder des Nationalparks zum UNESCO-Weltnaturerbe (www.nationalpark-jasmund.de).
Das **Biosphärenreservat Südost-Rügen** hat eine Größe von 235 km² und umfasst die Halbinsel Mönchgut, die Wälder der Granitz, den Rügenschen Bodden, die Seebäder Sellin, Baabe und Göhren sowie Gebiete um Putbus und die Insel Vilm (www.biosphaerenreservat-suedost ruegen.de).

Öffnungszeiten

In vielen Seebädern gelten im Sommer verlängerte Öffnungszeiten: Sa. bis 20.00, So. 12.00 bis 18.00 Uhr. Supermärkte haben in der Regel Mo.–Sa. 8.00–20.00 oder 21.00 Uhr geöffnet. Museen und Sehenswürdigkeiten öffnen im Sommer tgl.; im Winter verkürzte Öffnungszeiten und Schließtage – oder sie schließen ganz.

Parken

Alle Seebäder sind zu einer Zeit entstanden, als noch kaum jemand mit dem Auto reiste. Entsprechend knapp – und teuer – sind Parkplätze. Hotels bieten ihren Gästen fast immer (kostenpflichtige) Parkmöglichkeiten.

Reisezeit

Zur Hauptreisezeit während der Sommerferien bekommt man spontan nur schwer eine Unterkunft auf Rügen und Usedom. Auch in der erweiterten Hauptsaison (April–Okt.) flaniert man nicht allein auf den Strandpromenaden. Zwischen Weihnachten und Neujahr herrscht für kurze Zeit wieder Hochbetrieb. In den weniger frequentierten Monaten (Nov., Jan., Febr.) locken viele Hotels, auch solche mit großen Spa-Abteilungen, mit sehr attraktiven Preisen (www.auf-nach-mv.de/herbstwinter).

Restaurants

Empfehlungen des Autors stehen auf den Infoseiten. Dabei gelten folgende Preiskategorien:

Preiskategorien

€€€	Hauptgericht	über 20 €
€€	Hauptgericht	10–20 €
€	Hauptgericht	bis 10 €

Souvenirs

Die beliebtesten Souvenirs sind Sanddornprodukte (Marmelade, Likör), Bernsteinschmuck und eingelegter Fisch. Auf dem Rügenhof in Putgarten gibt es eine Kerzenwerkstatt (s. S. 35). Rügens erste Edeldestillerie produziert in Ummanz edle Obstbrände (S. 69). Bierliebhaber

Walskelett im Foyer des Ozeaneums Stralsund

werden im Shop der Störtebeker-Brauerei fündig (S. 111) und die Mönchguter Hofbrennerei stellt eigenen Whisky her (S. 57). Kunst als Souvenir bietet das Kunstkabinett in Benz (S. 103). Wer sich einen echten Usedomer Strandkorb in den Garten stellen möchte, kann ihn sich in der Strandkorbmanufaktur in Heringsdorf aussuchen (S. 92). Wer in der Natur auf die Suche nach einem Souvenir gehen möchte, hat nach stürmischen Tagen die größte Chance, am Strand einen Bernstein zu finden. Das ganze Jahr über kann man dort nach Donnerkeilen und Hühnergöttern Ausschau halten (S. 28).

Sport

Angeln: Die Boddengewässer sind sehr fischreich (http://bodden-angeln.de). Aber auch auf einem der Kutter, die frühmorgens von Sassnitz, Glowe, Stralsund oder Schaprode zu Tagestouren auslaufen, kann man angeln. Für die Küstengewässer Rügens braucht man einen Fischereischein und muss die Küstenkarte erwerben. Man bekommt sie in Angelgeschäften, Ordnungsämtern, Kurverwaltungen und an manchen Tankstellen (www.ruegen.de/aktivitaeten).
Radfahren: Jeder Ort hat mindestens einen Fahrradverleih, einige verleihen auch E-Bikes. Die RADzfatz-Busse der Verkehrsgesellschaft Vorpommern-Rügen (VVR) bieten auf ihren Anhängern Platz für bis zu 16 Räder und sind während des ganzen Sommers auf Rügen unterwegs (www.rpnv.de). Sowohl Rügen als auch Usedom besitzen eine Vielzahl von Radrouten zwischen den Seebädern oder durchs Hinterland. Neben regionalen Routen (Infos in den Touristenbüros oder auf www.ruegen.de) gibt es den Ostseeküstenradweg, der von Swinemünde über Wolgast, Greifswald und Stralsund verläuft und anschließend um die gesamte Insel Rügen herumführt – auf ruhigen Landstraßen, asphaltierten Radwegen oder gut befahrbaren Feld- und Waldwegen, nie sehr weit vom Meer entfernt.
Reiten: Zu Übernachtungen auf Reiterhöfen, geführten Ausritten, Wanderreiten, Reitunterricht und Gastboxen informieren www.auf-nach-mv.de/reiten und www.ruegen.de/aktivitaeten.
Wandern: Die Nationalparkverwaltungen bieten eine Vielzahl von Wanderungen an. Die Broschüren „Wanderfrühling" und „Wanderherbst" findet man auch im Internet (www.ruegen.de). Der Ostseeküstenwanderweg E 9 verbindet Usedom mit Stralsund.
Wassersport: Baden, Segeln, Surfen, Kiten, Wasserski und Wakeboard, Kanu und Kajak – die Wassersportmöglichkeiten auf Ostsee, Bodden und Achterwasser sind vielfältig. Und wenn das Wetter mal schlecht ist, kann man sich in einem der Spaß- und Erlebnisbäder vergnügen. Eines der besten Angebote für Wassersportler halten die Wasserwelten im Jaich parat. Hier wohnt man direkt am Wasser oder sogar in schwimmenden Ferienhäusern und kann sich Boote vom Kajak bis zur Jolle ausleihen (www.im-jaich.de/wasserferienwelt-ruegen). Neben den Touristeninformationen bietet auch die Webseite www.mv-maritim.de vielfältige Infos für Wassersportler.
Die Ostsee ist einer der größten Schiffsfriedhöfe der Welt; allein rund um Rügen gibt es mehr als 300 Schiffswracks. Das beste Tauchrevier, rund um das Kap Arkona, wird auch als „Archäologisches Freiwassermuseum" bezeichnet. Archäo Tour Rügen bietet Tauchgänge zu den interessantesten Wracks an (www.archaeo-tour-ruegen.de).

Unterkunft

Empfehlungen des Autors stehen auf den Infoseiten. Dabei gelten folgende Preiskategorien:

Preiskategorien

€€€	Doppelzimmer	über 120 €
€€	Doppelzimmer	60–120 €
€	Doppelzimmer	bis 60 €

Die älteste und wohl schönste von allen: Seit 1898 ist die Seebrücke ein Hingucker am Strand von Ahlbeck.

Register

Impressum

1. Auflage 2017

Verlag: DuMont Reiseverlag, Postfach 3151, 73751 Ostfildern, Tel. 0711/4502-0, Fax 0711/4502-135, www.dumontreise.de
Geschäftsführer: Dr. Thomas Brinkmann, Dr. Stephanie Mair-Huydts
Programmleitung: Birgit Borowski
Redaktion: Elke Schäle-Schmitt
Text: Dr. Christian Nowak
Exklusiv-Fotografie: Sabine Lubenow
Titelbild: laif/Thomas Linkel (Ostseebad Binz)
Zusätzliches Bildmaterial: S. 20 o., 37 o., 57 o.: iStock; 62 u. r.: DuMont Bildarchiv/Roland E. Jung; 64 u.: lookphotos/Thomas Grundner; 66. o., 67 u. l.: iStock; 67 o. l.: mauritius images/Christian Bäck; 67 u. r.: mauritius images/imageBROKER/Sabine Lubenow; 71 u.: mauritius images/imageBROKER/Hans Blossey; 81: LWL-Museum für Kunst und Kultur (Westfälisches Landesmuseum), Münster/Gerhardi-Archiv; 82: lookphotos/H. & D. Zielske; 87 o., 98 o., 99 u. l., 103 o.: iStock; 114 u.: mauritius images/imageBROKER/Rainer Herzog; 115 o.: iStock
Grafische Konzeption, Art Direktion, Layout: factor product münchen
Cover Gestaltung: Neue Gestaltung, Berlin
Kartografie: © MAIRDUMONT GmbH & Co. KG, Ostfildern
Kartografie Lawall (Karten für „Unsere Favoriten")
DuMont Bildarchiv: Marco-Polo-Straße 1, 73760 Ostfildern, Tel. 0711/4502-266, Fax 0711/4502-1006, bildarchiv@mairdumont.com

 Erscheinungsweise: monatlich.

Anzeigenvermarktung: MAIRDUMONT MEDIA, Tel. 0711/4502333, Fax 0711/45021012, media@mairdumont.com, http://media.mairdumont.com
Vertrieb Zeitschriftenhandel: PARTNER Medienservices GmbH, Postfach 810420, 70521 Stuttgart, Tel. 0711/7252-212, Fax 0711/7252-320
Vertrieb Abonnement: Leserservice DuMont Bildatlas, Zenit Pressevertrieb GmbH, Postfach 810640, 70523 Stuttgart, Tel. 0711/7252-265, Fax 0711/7252-333, dumontreise@zenit-presse.de
Vertrieb Buchhandel und Einzelhefte: MAIRDUMONT GmbH & Co KG, Marco-Polo-Straße 1, 73760 Ostfildern, Tel. 0711/4502-0, Fax 0711/4502-340
Reproduktionen: PPP Pre Print Partner GmbH & Co. KG, Köln
Druck und buchbinderische Verarbeitung: NEEF + STUMME premium printing GmbH & Co. KG, Wittingen, Printed in Germany

FSC
www.fsc.org
MIX
Papier aus verantwortungsvollen Quellen
FSC® C001857

Vorschau

Hier spürt man die Gewalt des Meeres: die Cliffs of Moher fallen bis zu 223 m senkrecht zum Meer hin ab.

Nicht nur mit tollen Seen kann Mecklenburg-Vorpommern punkten, auch die mittelalterliche Backsteingotik beeindruckt.

Irland

Boomtown Dublin
Dublin erlebte in den letzten Jahren Höhen und Tiefen, nun ist aber wieder allerorten Optimismus spürbar – das schätzen die Besucher: Die irische Hauptstadt ist angesagter denn je.

Verwunschene Gärten
Irland ist bekannt für seine romantischen Parklandschaften, aber zwischen Ostern und September öffnen auch viele Privatgärten ihre Pforten, wir stellen Ihnen die schönsten vor.

Wohnen bei Iren
Die beste Art Land und Leute kennenzulernen: man nächtigt privat in B & B Unterkünften – gute Adressen haben wir für Sie recherchiert.

Mecklenburgische Seen

Von einem See zum andern
Mecklenburg-Vorpommerns herrliche Seenlandschaft erschließt sich am besten vom Wasser aus, begleiten Sie uns auf einer erholsamen Hausboottour.

Kleine Hauptstadt, ganz groß
Schwerin mag die kleinste Landeshauptstadt Deutschlands sein, doch ist es schon lange aus seinem Dornröschenschlaf erwacht. Für Kultur, Sport und Abwechslung ist reichlich gesorgt.

Genuss am See
Schilfrascheln und zartes Wellenplätschern, was gibt es Schöneres als in einem Restaurant am See zu speisen? Wir verraten Ihnen die schönsten Plätze.

www.dumontreise.de

Lieferbare Ausgaben

DEUTSCHLAND
119 Allgäu
092 Altmühltal
105 Bayerischer Wald
180 Berlin
162 Bodensee
175 Chiemgau, Berchtesgadener Land
013 Dresden, Sächsische Schweiz
152 Eifel, Aachen
157 Elbe und Weser, Bremen
168 Franken
020 Frankfurt, Rhein-Main
112 Freiburg, Basel, Colmar
028 Hamburg
026 Hannover, zwischen Harz und Heide
042 Harz
023 Leipzig, Halle, Magdeburg
131 Lüneburger Heide, Wendland
188 Mecklenburgische Seen
038 Mecklenburg-Vorpommern
033 Mosel
047 Münsterland
015 Nordseeküste Schleswig-Holstein
006 Oberbayern
161 Odenwald, Heidelberg
035 Osnabrücker Land, Emsland
002 Ostfriesland, Oldenburger Land
164 Ostseeküste Mecklenburg-Vorpommern
154 Ostseeküste Schleswig-Holstein
136 Pfalz
040 Rhein zw. Köln und Mainz
185 Rhön
186 Rügen, Usedom, Hiddensee
137 Ruhrgebiet
149 Saarland
182 Sachsen
081 Sachsen-Anhalt
117 Sauerland, Siegerland
159 Schwarzwald Norden
045 Schwarzwald Süden
018 Spreewald, Lausitz
008 Stuttgart, Schwäbische Alb
141 Sylt, Amrum, Föhr
142 Teutoburger Wald
170 Thüringen
037 Weserbergland
173 Wiesbaden, Rheingau

BENELUX
156 Amsterdam
011 Flandern, Brüssel
179 Niederlande

FRANKREICH
177 Bretagne
021 Côte d'Azur
032 Elsass
009 Frankreich Süden Languedoc-Roussillon
019 Korsika
071 Normandie
001 Paris
115 Provence

GROSSBRITANNIEN/IRLAND
187 Irland
130 London
030 Südengland

ITALIEN/MALTA/KROATIEN
181 Apulien, Kalabrien
017 Gardasee, Trentino
110 Golf von Neapel, Kampanien
163 Istrien, Kvarner Bucht
128 Italien, Norden
005 Kroatische Adriaküste
167 Malta
155 Oberitalienische Seen
158 Piemont, Turin
014 Rom
165 Sardinien
003 Sizilien
140 Südtirol
039 Toskana
091 Venedig, Venetien

GRIECHENLAND/ZYPERN/TÜRKEI
034 Istanbul
016 Kreta
176 Türkische Südküste, Antalya
148 Zypern

MITTEL- UND OSTEUROPA
104 Baltikum
094 Danzig, Ostsee, Masuren
169 Krakau, Breslau, Polen Süden
044 Prag

ÖSTERREICH/SCHWEIZ
004 Salzburger Land
139 Schweiz
144 Tirol
147 Wien

SPANIEN/PORTUGAL
043 Algarve
093 Andalusien
150 Barcelona
025 Gran Canaria, Fuerteventura, Lanzarote
172 Kanarische Inseln
124 Madeira
174 Mallorca
007 Spanien Norden, Jakobsweg
118 Teneriffa, La Palma, La Gomera , El Hierro

SKANDINAVIEN/NORDEUROPA
166 Dänemark
153 Hurtigruten
029 Island
099 Norwegen Norden
178 Norwegen Süden
151 Schweden Süden, Stockholm

LÄNDERÜBERGREIFENDE BÄNDE
123 Donau – Von der Quelle bis zur Mündung
112 Freiburg, Basel, Colmar

AUSSEREUROPÄISCHE ZIELE
183 Australien Osten, Sydney
109 Australien Süden, Westen
024 Dubai, Abu Dhabi, VAE
160 Florida
036 Indien
027 Israel, Palästina
111 Kalifornien
031 Kanada Osten
171 Kuba
022 Namibia
041 New York
184 Sri Lanka
048 Südafrika
012 Thailand
046 Vietnam